＼発達障害の人の会話力がぐんぐん伸びる／

アイスブレイク & ワークショップ

イイトコサガシ代表
冠地 情
Joe Kanchi
[漫画]かなしろにゃんこ。

kokoro library

講談社

こんにちは 冠地《かんち》 情《じょう》です
僕は イイトコサガシという 会の代表をしています
イイトコサガシ
イイトコサガシは 全国で コミュニケーションの 力を伸ばす ワークショップを 開催しています
人づきあい 苦手だな
人との 会話が うまく いかない
こんなふうに 悩んでいる 人はいませんか？

はいはい
はいはい
はーい
うちの子がそうで～す！
ズルズル
初めまして
漫画家のかなしろにゃんこ。です
うちの息子リュウ太はADHDと軽い自閉症スペクトラム障害があります
人の話を聞くのが苦手で人間関係ではず～っと悩んできました
ほら挨拶
ペコリ
発達障害ですか！
僕も発達障害の当事者なんです苦労しがちですよね
これといった病気や障害の診断がなくても人づきあいで悩んでいる人はたくさんいると思います

とくに会話が苦手だと**社会経験**が不足しがちになり
一人のほうが楽だ…… 一人でいいや
生きづらくなるという悪循環が起こります
みんな嫌だ どうせオレの悪口を言ってるんだ
失言
孤独
他人とのトラブルも起きやすいしそうなると
バリア
どんどん自分の殻に閉じこもっちゃいますよね……
その通り！だけど現実社会にノーリスクでコミュニケーションを試せる場は意外とありません
ちょっとズレたこと言うとすぐ叩かれちゃうしー どーすりゃいーのよーって思うの

だから僕は
きちんと
ルールをつくって
安心して
コミュニケーションを
試せる場
を提供しようと
思ったんです！
ポイッ
いらない
否定的発言
悪口
ムシ
イイトコサガシ
イイトコサガシが
開催している
ワークショップは
そういう場です！
ほう!?
2009年に
イイトコサガシを
立ち上げて以来
全国43都道府県で
1000回以上の
ワークショップを
開催してきました
テレビや新聞など
メディアにも50回以上
取り上げて
もらってます

これまでのワークショップ参加者はのべ1万人以上！
日本全国で1000回1万人以上もー!! どんな人がワークショップに参加したんですか？
発達障害や精神疾患を抱えた方専門職から一般人…
多くの方がいろんな機会に参加してくれました 興味をもってくれる人が増えてます！
特別支援学校
発達障害の支援機関
発達障害の親の会
こども食堂
行政の職員研修

やっぱり コミュニケーションで 困っている人って 多いんですか？
はい
ケンカ
いじめ
モラハラ
パワハラ
現代の日本では 誰もが大なり小なり **生きづらさ**を 感じています
これは **国全体の問題** です！
日本人には今！ コミュニケーションを みがく場所が 必要なんです!!
「ゆっくりで 大丈夫だよ」って 受け入れられる場 それが イイトコサガシの ワークショップ なんです きっと誰でも 変わるきっかけを つかめます！
発達障害の人の 会話力が ぐんぐん伸びる アイスブレイク＆ ワークショップ
この本には 僕らが10年間で 創りためた ワークショップ 開催のノウハウと そこを充実した場に するためのコツを 詰めこみました！

たとえば就労移行支援事業所など支援機関の職員さん
発達障害の親の会や特別支援学校のみなさん放課後等デイサービスの方当事者会の主宰者など多くの方々に幅広く活用してもらいたいです！
自宅でできるものもありますか？
もちろんありますよ
できそうだなって思えるものから試してくださいね
コレなんかできそうネ
コミュニケーションは一人では試せません
読者のみなさんがワークショップを実践して支援に活用してくれたら嬉しいです！

目次

コラム

僕が目の当たりにしたワークショップの効果

イイトコサガシの活動はもう10年を超えますが、長く続けていると驚くほど変わる人を何人も目にします。

ある男性は、ワークショップに初めて参加したときは落ち着かない様子でした。失敗するたびに落ち込み、その場にいるのが精一杯という感じでしたが、回数を重ねるごとに自然体で参加できるようになりました。

別の男性は、就労の準備のつもりで参加しているとのことでしたが、「自分がするべきこと・してはいけないことがわかったので、前ほど初対面が怖くなくなった」と喜んでいました。

ある養護学校では、年３回ほど継続的にワークショップを実施させてもらっていますが、回を重ねるごとに参加する生徒さんの顔が生き生きと変わっていくのを感じます。先生方からは「普段は聞けないような話が、ワークショップでは必ず出るんですよね～！」と、驚きの声をいただいたこともありました。

もちろんワークショップに対する「慣れ」で上手になっている、という部分もあるとは思いますが、ワークショップをくり返すうち、参加者のなかに「コミュニケーションって楽しい！」「自分を表現したい！」という気持ちが育っていくのが、手に取るようにわかるんです。読者のみなさんにも、ぜひ自ら主催してその手ごたえを味わってもらいたいと思います。

第1章 ワークショップって何だろう?

参加者が互いに「いいところ」を探しつつ応援しあって進めていくので「イイトコサガシ」なんです
この人のいいところはこんなところ
プラスの眼差し
コミュニケーションを練習するためのレクリエーションみたいなものかしら？
レクリエーションとはちょっと違います！
レクリエーションは主催者側が用意して参加者はできたものを楽しむだけですが
ワークショップはその場にいる全員で試行錯誤しながら創りあげるものです
与えられるがままではなくやる気をもって能動的に参加するのが大切になります
そうやって創りあげていく作業がコミュニケーション力の向上につながるんです
楽しい会話
息子のコミュ力もアップさせたいな～
話すの苦手だからな～
ちらっ

発達障害の特性からかうちの子は伝えることが苦手です
みんなと一緒にできるのかな～？
オレにはムリ…
あっコラ逃げるなー
いやマジムリムリ
上手にできなくてもいいんですよ！
僕たちはいつも「試しただけで大成功!!」って言ってます
できないなりにやってみよう！そう考えて実行した時点で大成功なんです!!
考えてみてください殻に閉じこもりがちだった人が「一歩外に出て話してみよう！」と挑戦したなら
誰とも話したくない
やってみようかな！
すたっ
コミュニケーション「しない人」から「する人」へ昇格したと言えますよね！その時点で拍手です
そうなの？それなら気が楽かも～
うちの子みたいな人が大勢集まるとワークショップを盛り上げるのが難しい気がするんですけど…
充実したものになるか心配だわ～

人の話をきちんと聞けない
やだっやだー
反抗的になる
固まって黙っちゃう
フリーズ
テンションを保つコツとかやる気にさせるコツってあります？
こんなんなっちゃう子はどうすればいい
いい質問ですね！
参加者に力をつけてもらうためには盛り上げるよりも**ファシリテーターが参加者から信頼される**ことが重要です！
信頼
コツが5つあるので紹介します
①ファシリテーター自身がイイトコサガシを実践しましょう
質問ありがとう
よく言ってくれたね
気がついてくれたの嬉しいな
などなど参加者の発言に肯定的に反応して「あなたのその発言 認めてるよ！」とどんどん声をかけましょう

ワークショップ中に一度も話せなかった人には
あなたがこの場所にいてくれたことがありがたかった
こう伝えてみましょう
そんなこと言われたらついイイ気になっちゃうわ～
その人自身を認めてあげると後味もいいし信頼も生まれます
②ワークショップ中は参加者の退出を自由にしましょう
風通しのよい会をつくるのがポイント
無理しないで退出はご自由にいつでもOKです
退出するときは何も言わないで出ていって構わないですよ
少し休みたい
今日はつらい気持ちなのでやめたい
言い出せない人のための配慮
無理に参加してもらうのはNG！参加者の心身の調子に合わせます
優しさが大切ですね
③参加者が発表するたびに拍手の時間をとりましょう
～だと思いました
パチパチ
パチパチ

拍手ってなんか盛り上がるもんね！
そうです明るい雰囲気になるのでとてもイイです
パチ
パチ
パチ
パチ
④ファシリテーターが参加者一人ひとりとアイコンタクトをとりましょう
あ…僕を見てる僕の話を真剣に聞いてくれてる！
アイコンタクトで「あなたの存在を認めてるよ！」と伝えるわけです
うまくしゃべれなくてもあたたかい眼差しを向けられると安心しますよね
パアアー
⑤ファシリテーターがワークショップに全力で取り組んで楽しんじゃいましょう
一生懸命な人楽しそうな人にみんな協力したくなっちゃうんです

信頼した人には心を開いて話をしたいって思うもんね
リュウ太もそうなるかな
いや～オレはナイナイ
は～
んも～～～
こういうなかなかその気になってくれない人にはどう働きかけたらいいのかな～？
ジロリ
こっち見んな
思い切って自分の殻から出るのには勇気が必要ですから
参加を促すのにも根気がいります
ある支援機関の方はこんな誘い方をしていましたよ
吉田さんの話今度聞いてみたいなワークショップやってみない？
この人はいつも熱心だな一度くらいいいかな
定期的に声をかけていると参加するようになる人もいるそうです
またはこんなふうに
今度ゲームをテーマにしたワークショップをやるから参加しない!?
ゲーム！

君の得意なゲームのことで話をしてよ！
生きづらさを感じている人の強みや好きなことに関連したことで誘うのもアリです
うん
ふ〜ん ゲームの話なら参加するか
おっ！ やる気になったね
まずは興味のあるテーマからでいいんですよ！
最後にワークショップにあたって必要となる場所や道具はこちらです
すぐはじめられるんですよ！
場所
参加者だけが集まれる部屋で行うといいですよ
密室のほうが他からの視線を防げるのでワークショップに集中できます
参加しない人
和室はまったりしてしまうので向いてません
できれば洋室でイスに座って行うのがベスト
のび〜

用意するもの
ホワイトボード
。自己紹介 (●分)
。アイスブレイク (●分)
。ワークショップ (●分)
です！
説明が伝わりやすくなるように使います
話を可視化するとわかりやすいので！
変更事項も記せて便利です
キッチンタイマー
一秒単位で設定できるものを2つ用意します
1つはファシリテーターが持ちましょう
もう1つは参加者に回して使います
発言時間が平等になるよう計ったり
進行の時間を管理・調整するために使います
ピピピピ
ネームプレート
各参加者が「みんなに呼んでもらいたい名前」を書きます
ハンドルネームやニックネームでOKです！
きのこ
いつもと違う呼び名になるのもいいものですよ☆
じょう
ではいよいよ次の章から実際にワークショップをはじめましょう！
はい！

道具を上手に活用しよう

「何を言われたっけ。確認したい」「この人の名前、なんだっけ」——そう思ったとき、書いてあったら助かりますよね。

　時間の経過も、見た目や音でわかりやすくなっていると助かります。前ページで挙げた道具は、どれもそんなふうに「可視化」「具体化」する目的で用意しています。そして同時に、「演出効果」もねらっているんです。

ホワイトボード

　ホワイトボードには、ワークショップの名称やルール、参加者から出たアイデアなど、なんでも板書するといいと思います。

　たとえば、だいたいのタイムスケジュールを書いておくと、見通しが立つので参加者が安心できます。ルールをあらかじめ模造紙に大きく書いておき、ホワイトボードに貼り出せば、説明しながら板書する手間を省くことができるでしょう。

また、以降の章で紹介するワークショップは、参加者から意見を募ったり、作品（川柳など）を発表してもらうものが数多くあります。

アイデアがホワイトボードにずらりと文字化されると、それだけで参加者は「こんなにあるんだ！」と驚いたり、楽しさを感じてくれたりします。口頭で発表するだけでは生まれない効果です。

さらに僕は、参加者から出た疑問・質問や、それへの答えなども書き出します。可視化することで「意見が採用された」「聞き入れてもらえた」という感覚を得てもらえるからです。何度かワークショップに参加した人のなかには、
〈自分はこのワークショップのルールを知っているけど、Aさんは初参加だから、Aさんのために質問して、ホワイトボードにルールを書き出してもらおう〉

という気持ちでわざわざ質問をする人が少なからずいます。僕がマメに板書するのを知っているからこその行動なのですが、こうしたボランティア精神を育てて雰囲気をよくする効果も期待できます。

キッチンタイマー

ワークショップのなかでは、考えたことを発表する機会がたびたびあります。
ところが発達障害がある人のなかには、「話をはじめるとなかなかやめられない人」や、逆に「口数が少なすぎる人」がいます。また、何事もきっちり平等でないと居心地が悪いと感じてしまう人もいます。どれも障害特性が関係しているといわれています。

そんなときにキッチンタイマーがあると、時間を正確に計測できるので「機会均等・時間平等」を客観的なかたちで実現でき、参加者の納得を得やすくなります。

ピピピピ……と音が鳴るので、話が長い人でも中断せざるを得なくなりますし、話が続かない人には、「あと○○秒あるから、頑張って話そうよ」と、具体的に促すこともできるのです。こうしてダラダラ感のない、メリハリの利いたワークショップが実現できます。

ネームプレート

ネームプレートは、「今までとは違う自分」を体験してもらうための小道具になります。
参加者のなかには、自分に対してネガティブなイメージを抱いている人がたくさんいます。発達障害がある人は、その特性のため日常生活のなかでつまずきやすいので、自己肯定感が大きく下がっていることが多いのです。また、「自分の名前がキライ」とか、「無職だから」「引きこもりだから」といった理由でコンプレックスを抱いている人もいます。

そんな自己イメージは、ニックネームをつけることで一度リセットできます。

ワークショップのなかでは、「自分の好きな名前」「呼ばれたい名前」で呼んでもらうことができます。「一度お姫様になってみたかった」という理由で「姫」を選んだ人、「ヘップバーンが好きだから」という理由で「オードリー」を選んだ人が過去にいました。そんな感じで、〝自分の趣味全開！〟のニックネームで構わないのです。自分の好きな名前を考えて書くことで、否定的なイメージを脱ぎ捨ててもらいましょう。

たかが名前ですが、ちょっと意識するだけで、ワークショップの場を日常とは異なる「サードプレイス」（自宅、職場や学校ではない、しがらみなく試行錯誤しやすい第３の場）に変えられるのです。

参加者からのよくある「困った要望」

発達障害の特性である「こだわり」や、コミュニケーションに対する苦手意識から、参加者が（悪意なく）主催者を困らせるような質問をすることがあります。代表的なのは、次の2つです。

●「このワークショップをなぜやるのか？」「なぜこんなことをするのか？」

ワークショップそのものの意義を問う当事者は少なくありません。こういう場合は、やろうとしているワークショップが何を目的としていて、どんな効果が期待できるのかを説明し、意義を明確にすると「やってみよう」となることがあります。

●「見学したい」

「よくわからないから」「話すのは苦手だから」という理由で見学したいという当事者もいます。そういうときは、次章のアイスブレイクなど、簡単なものをやってみたり、「難しければパスしてもいい」と伝えると、安心して参加してもらえることがあります。

個人的に、僕は見学を歓迎していません。見学者がいると「見られている人」が全力で参加しにくくなるからです。誰でもできる簡単なものなので、「その場にいる全員に参加してもらう」を原則にすることをおすすめします。

第2章 会話の準備運動 アイスブレイク

さあ 準備ができたら まずは アイスブレイクから はじめましょう！
アイスブレイクって 何ですか？
アイスブレイクとは 「氷を砕く」 という意味で 緊張や警戒心を ほぐす目的で行う ワークショップです
一体これから 何をやらされるん だろう…
生きづらさを 抱えた人は こう 身構えがちです
ですから アイスブレイクで 「安心できる場所だ」と 実感してもらうんです

これなら僕もできそう
参加者が自然体で積極的に取り組める意識をつくるのがねらいです！
準備運動みたいなものですね⁉具体的にはどんなことをするんですか？
試しに一緒にやってみましょうか！
いくつかのアイスブレイクのなかから
ここでは**イイトコサガシボキャブラリーコレクション**を紹介します
このワークショップは自分のハートの引き出しに「応援する言葉」のボキャブラリーを増やしていくものです
楽しさ
応援
喜び
感謝
「応援する言葉」のボキャブラリー？

はい まずは 自分が応援で 使いたい言葉や こんな言葉で 応援されたら 嬉《うれ》しいと思う言葉を 一人ひとり考えて 発表してもらいます
?
モヤ モヤ
「ガンバレ」「いよっ うまいね〜」とかかな？
☆thinking time☆
最終的には **応援する言葉を 自然体で言える ようになる**のが 理想ですね！
あのー
言われたい 言葉って 人によって違い ませんか？
いい質問 ですね！
ここでは **自分の主観優先で 考えてOKです！** でも 長すぎると 言いにくいので
単語2つまでの言葉 にしてみましょう
ステキ ＋ 笑顔 ＝ ステキな笑顔ですね
2ワード
ステキですね
1ワード
30秒で なるべくたくさん 考えてください ではどーぞ！
ピッ
30秒の シンキングタイム を設けます

30秒経過
では応援の言葉を発表してください
ピッ
僕だったら「おもしろいね」とかが嬉しいですね みなさんはどうですか？
挙手でどーぞ！
う〜ん
ハイ
「頑張り屋さんだね！」
うん！
頑張り屋さんいいですね〜 他の人はどうですか？
ハイ
「気が利くね！」
うん！
「気が利く」も応援の言葉になりますね！ 他にはどうでしょうか？
「カッコイイね」
「大切に思ってるよ」
「強運だね」
いいですね〜 贈りたい言葉ばかりですね

みなさんから出してもらってこんなに言葉が集まりました！
頑張り屋さんだね
かっこいいね
気が利くね
大切に思ってるよ
やさしいね
でもこういうステキな言葉って知っているけど普段あまり使わないですよね
言ったことも言われたこともないという言葉だってあるはずです！
うんうん
そうかも

なのでこれから使ってみましょう！

輪になって座ってください
これから実際にこの応援する言葉をみんなでプレゼントしていきます

やり方はこうです
①１人ずつ順番に「リーダー」になる。
②リーダーはホワイトボードに書かれた言葉を１つ読み上げる（上から順番に）。
③リーダーが「せーの」とかけ声をかける。
④参加者全員で②の言葉をリーダーにプレゼントする。
言葉をリーダーにプレゼントですか！
はい たとえば
リーダーが
頑張り屋さんだね
こう声をかけたら
せーの！
他の参加者は声を合わせて
頑張り屋さんだね！
と全力でリーダーに声をかけます
身ぶり手ぶりを付けてＯＫです
ただ言うのではなく
感情を込めて言ってみてくださいね
これが言葉のプレゼントです！

頑張り屋さんだね！
こんな感じかな
……
いいですね～
このときリーダーはみんなの顔を見ながら贈られた言葉をしっかり受け止めて十分に味わってください!!
いや～僕は頑張り屋じゃないですよ～
なんて謙遜しちゃダメですよ
welcome
心のガードを解いて**贈られた言葉をちゃんと喜んでください**

まずは予行演習として一度「かっこいいね！」でやってみましょう
じゃあ私から
かっこいいね
せーの
かっこいいね！
とっても簡単〜
説明を2つ以上覚えるのが苦手なオレでもコレならすぐにできそう
どうでしたか進め方をつかめました!?
感情を込めて言葉を伝えれば思いも伝わってくるんです
直球で応援してもらえると嬉しさも大きいですね〜
うんまあ

このアイスブレイクは心から相手を応援して
自分でも応援してもらう喜びを実感するのがポイントです
そんなワケないどうせ大げさに言ってるだけ
この実感がないと人からの厚意を社交辞令やおべっかのように感じてしまいます
そんなだと生きづらいですよね～
シンプルなので小さいお子さんもできますからぜひ家庭でもやってみてほしいです
どれもカンタンですよ～
アイスブレイクは他にもいろいろあるので次のページ以降を参考にどんどん試してくださいね！

漫画を読んでくださった方、さっそく「アイスブレイクやってみよう！」と思ってもらえたら嬉しいのですが、ちょっと待ってください！

はじめる前に、ワークショップ全体に共通することを、追加で説明させてくださいね。

以下のことを知っておくだけで、進行がずいぶんスムーズになります。役立てていただけると幸いです。

ワークショップのメンバー

ワークショップのメンバーは「ファシリテーター」と「参加者」にわけられます。

ファシリテーター

ワークショップの主催者です。イイトコサガシのワークショップでは、ファシリテーターが司会・進行役となります。単に場を仕切るだけでなく、自らも積極的に参加して「お手本」を参加者に示しましょう。１名いれば十分ですが、ファシリテーターが２名いると、参加者の前で会話のデモンストレーションなどがしやすくなります。

参加者

イイトコサガシのワークショップは、「ファシリテーター＋5〜6名」で行うのが基本です。人数が多すぎると、自分の番がまわってくるまでの「待ち時間」が長くなってしまうので、この人数を基本単位としています。

また、参加人数を5〜6人に絞っておくと、

・ファシリテーターを含む全員が視野に入る
・人数が多くないので、名前を記憶しておきやすい
・説明などに時間がかかっても、1人2〜3回くらい発表できる

といった利点もあるからです。

ワークショップには、このあとに説明する「ウェーブ！」のように、8人くらいでやったほうが楽しいものもあれば、参加者2〜3人でできるものもあるので、この基本を厳密にとらえる必要はありません。

人数が多い場合（たとえば15人、20人とか）は、5〜6名のグループにわかれて、各グループにファシリテーターが1人ついて実施するなどの工夫をしたほうがいいでしょう。

ワークショップのレイアウト

ワークショップのほとんどは、イスに座って行います。なかには机が必要になるものもありますが、席の配置パターンは次の3つに大別できます。

輪になる

書く作業がないときの席の配置。振り返り（後出）はこの形で行う

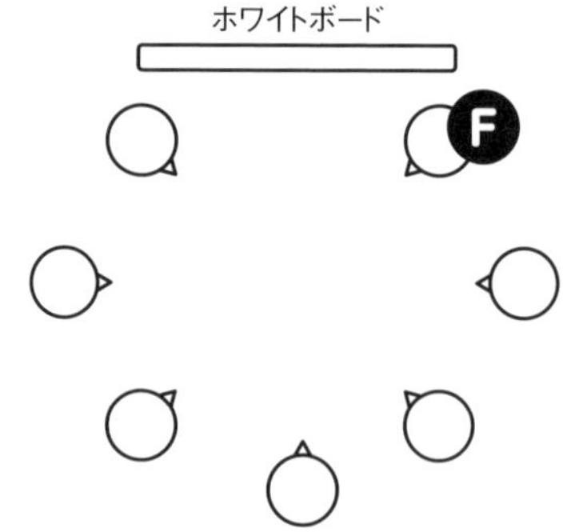

半円になる

プレゼンのとき発表者に注目を集めやすい配置

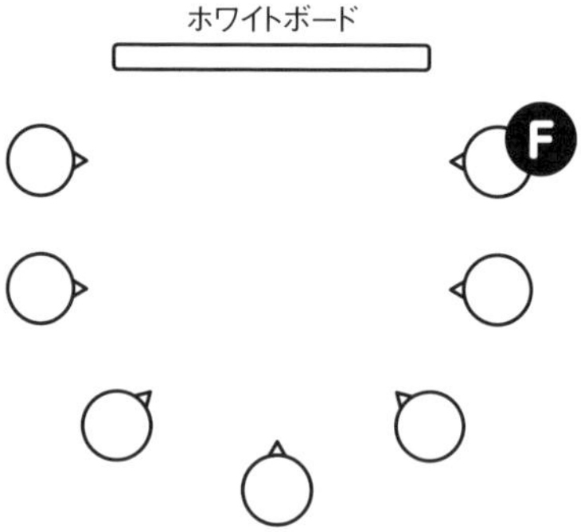

スクール形式

書く作業があるときの配置。必要なら机を使う

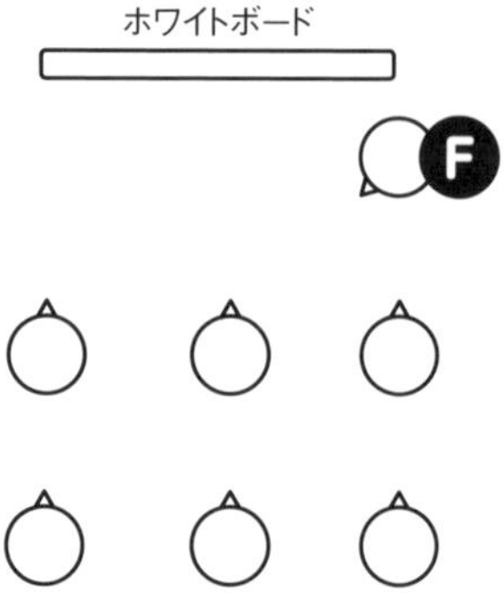

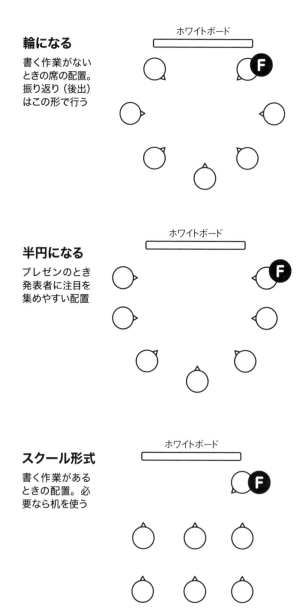

ファシリテーターは「F」で示した位置につくといいでしょう。ただし、「この配置でないとダメ！」というルールはありません。参加人数、スペースの広さなどを考慮して調整してください。

ワークショップの組み立て

イイトコサガシのワークショップは、どれもおおむね次のような流れになっています。
1は開始前にやっておき、2と3をあわせて1時間ほどかけて行うのがおすすめです。

1 準備

参加者に手伝ってもらって、事前にイスを並べておくとスムーズにはじめられます。ホワイトボードや、必要なら机も前もって用意しておきましょう。

↓

2 手順の説明

参加者に何というワークショップを行うか告げた後、やり方やルールを説明します。や

り方は本書に書いてある内容を伝えてください。「一度に全部説明されると理解できない」という参加者に対しては、

・事前にルールをホワイトボードに貼り出す（コピーして配付するのもOK。その場合でも参加者には口頭で説明し、ファシリテーターのほうを見て聞いてもらいます）

・説明の合間に、ファシリテーターがくり返し「ここまでの内容で質問はありますか？」と、参加者に尋ねる（「以前、こんな質問がありました……」と、質問の実例を挙げるといいでしょう）

・ファシリテーター自らデモンストレーションするといった工夫もよい

←

3 実施

やり方の説明がひと通り終わったら、いよいよワークショップを行います！　ワークショップは、最初は参加者同士の呼吸が合わず、うまくいかないことがあるので、できれば1つのワークショップを2～3回連続でくり返してみることをおすすめします。「前回をもとに、より上手にやってみる」というのも、参加者にとっては貴重な経験になります。

←

4 振り返り

ファシリテーターは、1つワークショップが終わるごとに、
「やってみて、どう感じましたか?」
「未来の自分につながる気づきはありましたか?」
と参加者に問いかけて、一人ひとりに答えてもらってください。また、お互いの発表について「ここがよかった」と〝イイトコサガシ〟する時間をとってください。

ワークショップは、「試してみて、そこから明日につながるイメージを得る」ためのもの。体験を言語化して他者に伝えることで、イメージは明確になります。だからこそ、この「振り返り」の過程は大切です!

このあとのページでは、紙幅の関係で一部「振り返り」に触れていないものもありますが、すべてのワークショップ共通で、時間を惜しまずに行ってください。

【注意】

以降、各章でワークショップの手順を図解しますが、イラストが複雑になりすぎないよう、本書では次のように簡略化しています。

①ネームプレートをつけて参加するのが普通ですが、一部を除いて絵のなかでは省略しました。なお、参加者のニックネームは各ワークショップごとに仮でつけてあります。

②ファシリテーターも参加するのが原則なので、イラストでファシリテーターと参加者を厳密に区別はしません。注意して区別してほしいときのみⒻマークをつけています。

アイスブレイク

トリプルインパクト

ボールをいっせいにぶつけ合って、相手と呼吸を合わせる練習です

推奨人数：3人以上（4人以上の場合は、3人組を複数つくるか交替で行う）　必要なもの：ボール3個

1 三角形を作って立つ

３人ひと組になり、各自１個ボールを持ちます。「いーち！」のかけ声で三角形をつくり、外側を向いて立ちます

> ! なかなか成功しない場合は、ペアで「ダブルインパクト」からはじめてみてください

2 ボールをあげる

「にー！」のかけ声で、後ろ向きのままボールを各自が頭上にあげます

成功した場合の賞品を用意すると盛り上がります。
アメなど安価なお菓子がおすすめです

内側を振り向く 3

「さん！」のかけ声で、ボールを上にあげたまま、３人とも内側を向きます

ボールを転がす 4

「スタート！」のかけ声で、真ん中にボールを転がします。３個が真ん中でぶつかったら大成功！　次の人と交代です

！ 瞬時に呼吸を合わせられるようになるのが目的です。かけ声のあとは即座に転がしてもらいましょう

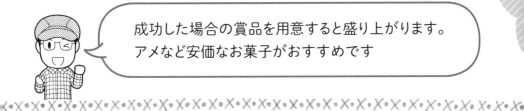

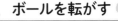

アイスブレイク

エアー手裏剣

互いのタイミングを確認しながら「やりとり」する練習ができます

推奨人数：6人以上

STEP 1

1 相手を指名する

輪になって、Aさんが参加者（ここではBさん）を指名します

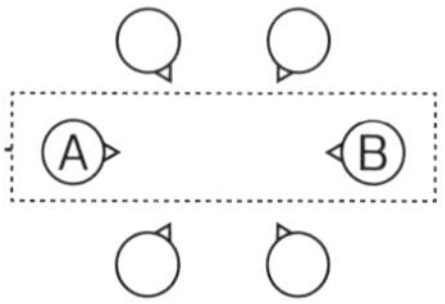

2 名前を呼び返す

呼ばれたBさんは、Aさんの名前を呼び返します。このやりとりが重要なので、しっかり行ってから次へ進んでもらいます

3 手裏剣を送る

まずAさんが、Bさんに手裏剣を送る動作をします（＝エアー手裏剣）

！

「早く送る」「カーブさせる」など、動作で飛んでいる手裏剣のイメージを相手に伝えるのがポイント

「相手が受け止めている」と確認してもらいましょう。
コミュニケーションの基本ですね！

4 手裏剣を受け取る

Bさんは、Aさんのイメージに合わせた動作でエアー手裏剣を受け取ります

! **3**～**4**がこのワークショップのポイント。しっかりやってもらいましょう

落ちてきたのを受け取る
パシッ
パシッ
そっ
ゆっくり受け取る
まっすぐ受け取る

5 受けた人に交代

4まで終わったら、Bさんがまだエアー手裏剣のやりとりをしていない人を指名し、**1**～**4**をくり返します（全員終わるまで続ける）

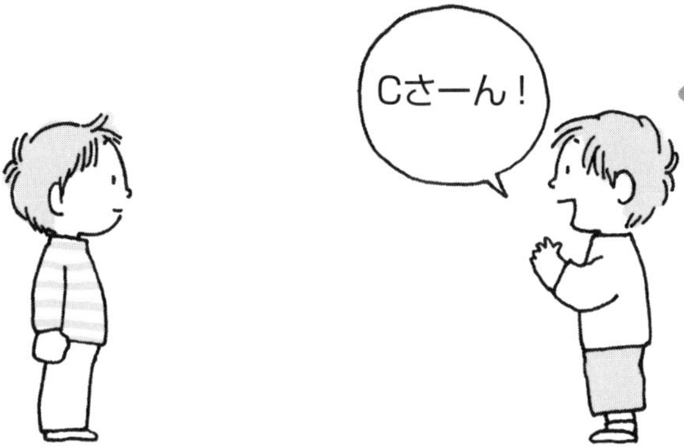
Cさーん！

STEP 2

6 言葉なしで行う

慣れてきたら、相手の名前を呼ばずにアイコンタクトだけで**3**～**4**をやってみましょう。より充実したワークショップになります

………
………
パシッ
シュッ

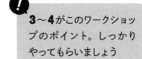

アイスブレイク

ウェーブ！

コンサートでよくある動き。参加者に一体感を味わってもらいましょう

推奨人数：5人以上（8人より多いとおもしろくできる）

1 まずは練習

全員で動作の確認。座った状態から立ち、伸びをしてから座ります。ファシリテーターの号令で行いましょう

③ ② ①

⑦ ⑥ ⑤ ④

「速い波で！」「ゆっくり！」と号令して緩急をつけて行うと変化に合わせて動く練習にもなりますね

2 全員でウェーブ

時間差で①〜⑦の動作を行い波をつくります

◎お互いの様子が目に入るよう輪になって行うのがおすすめです

◎一列になって、一方から他方へ波をつくるやり方もあります

◎オリジナルの動きを考えてもいいでしょう（例：体を右から左に倒す）

アイスブレイク

スリーアップ

周囲の動きを見て瞬時に判断する練習ができます

推奨人数：5人以上（6人以上の場合は、グループを複数つくるか交代で行う）

STEP 1

1 5人組になる

5人でグループになり、うち3人が立ちます（これを以下、「基本の状態」と呼びます）

！ どの3人が立っても構いません。参加者同士で任意に選んでもらいます

【ルール】

- 立っている人は3秒以内に座ります
- 座っている人は様子を見て適宜立ちます
- そうして「基本の状態」をつくり出せたら1回成功です
- これを30秒継続します。事前の相談・言葉での指示は禁止

2 ルールを説明

開始する前に、ファシリテーターがルールを周知しましょう

3 合図で開始

ファシリテーターが「スタート！」と声をかけ開始します

！ 背を伸ばして立つよう呼びかけましょう。中腰で様子をみるのはNGです

6人以上いる場合は、順番待ちの人に「審判」をお願いして成功回数を数えてもらうといいですよ!

4 30秒たったら終了

何回成功したか、自分はうまくできていたか全員で振り返って考えてみましょう

! 審判がいる場合は、審判役の数えた成功回数と比較すれば客観視の練習になります

立った人・座った人
どちらが挙手してもOK

STEP 2

5 ルールを追加する

「基本の状態 + 3 人挙手」を30秒継続します

! 挙手した人は3秒以内に下げ、挙手していない人は「3人挙手」の状態になるように手を挙げます

Aさん
立ってください

STEP 3

6 「司令塔」を任命する

1人が司令塔となり、他の参加者に「立って」「座って」と指示。その指示で動き、基本の状態を30秒継続します

! 司令塔自身も**2**のルールに従って立つ・座るを行います

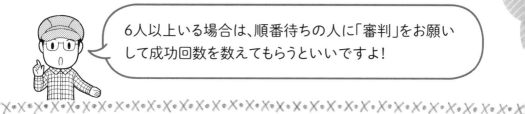

アイスブレイク

マジョリティを探せ

楽しいゲームで他の人の考えを想像する練習をします

推奨人数：5人以上

小学生が好きな食べ物といえば?
F

STEP 1

1 お手本を見せる

輪になって座り、ファシリテーターが「お題」を出します（「お題」については左ページの囲み参照）

2 答えを考える

全員で10秒間、「その場の多くの人が言いそうな答え」を考えます（必ず無言で、相談はなしです）

! 自分なりの答えではなく、多数を占めそうな答えを想像するのがポイント

小学生が好きな食べ物といえば?　せーの！
ハンバーグ
オムライス
カレー

3 一斉に答えよう

出題者がもう一度、お題を言って確認します。そして「せーの！」で、考えた答えを全員一斉に発表します

多数派（=マジョリティ）の意見を考えることで、
発達障害の人が苦手な「空気を読む」練習になります

4 答えを振り返る

3まで終わったら、みんなで「なぜそう答えたか」「他に答えはないか」を話し合ってみましょう。意外な視点が得られるかも

STEP 2

5 参加者が出題

次に参加者の出題で先ほどの**1**～**4**をくり返します

！ ファシリテーターは下記のコツを教えて出題者を適宜サポートしましょう

お題を出すときのコツ

◎いろいろな答えが浮かぶお題を出すようにしましょう

例）○「遠足に持って行くものといえば？」
×「世界一高い山といえば？」 ←答えが1つだけになる
×「コンゴの特産品といえば？」 ←イメージできる人が少ない

◎興味や嗜好で答えが割れるお題は、振り返りのときに盛り上がります

例）「アイドルといえば？」 ←世代で答えがわかれるので面白い
「ファストフードといえば？」 ←他の人の好みがわかって面白い

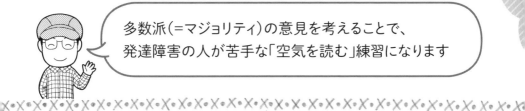

アイスブレイク

フィーリングメモリーズ

楽しかった出来事を、人前で熱を込めて語ってみましょう

推奨人数：3人以上

キーワードを列挙 1

「思い出話ができそうなキーワード」を挙げてもらい、ホワイトボードに書き留めます

! 時計回りに1人1つずつ挙げてもらい、最低40語は集めましょう

全員で読み上げる 2

上から順に、1人1つずつキーワードを読み上げます（何周かくり返してすべてのキーワードを読む）

! 棒読みはダメ。気持ちを込めて読み上げてもらいましょう。一体感を演出します

手順4では、30秒みんなで気を鎮めたあと、応援を考える時間をもう30秒別にとってもいいですよ

3 発表者を決める

挙手で決め、発表者に「楽しい思い出を話せるワード」を１つ選んで読み上げてもらいましょう

4 静かな時間を作る

30秒間、全員で沈黙します。発表者には、心を鎮めつつ話す内容を整理してもらいましょう

! 他の参加者には、発表者を応援する言葉を考えてもらいます

次ページに続く

言葉に気持ちをのせられるかどうかが成功のカギ。僕は「情報を言霊に変えるつもりで！」と呼びかけています

5 全員で応援する

4で考えた応援の言葉を1人ずつ、発表者に贈ります

! 「○○さんの海の話、楽しみです！」などと期待感を伝えてもらいましょう

6 30秒で発表

続いて発表者がキーワードにまつわる思い出を発表します

! 発表は30秒で終えてもらいますが、制限時間をはるかに超える勢いで熱っぽく語ってもらいましょう

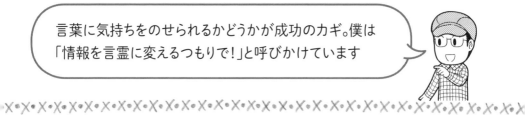

好きなことを熱っぽく話せる人って、魅力的に見えますよね。そんなふうに自分を演出する練習です

全員で振り返り 7

発表したあとは、みんなでよかったところを話し合いましょう

次の人を決める 8

次の発表者を挙手で決めて**3**〜**7**をくり返します。全員が発表したら終了です

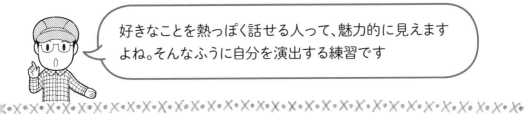

アイスブレイク

YOU!!

相手と確実にコミュニケートする経験を積んでもらいましょう

推奨人数:6人以上　必要なもの:ネームホルダー

STEP 1

名札をつけて立つ 1

ネームホルダーに自分のニックネームを書き、輪になって立ちます（わかりやすくするためニックネームで説明します）

!

6人程度のグループで行うのがおすすめ。人数が多い場合は交代制にするか、複数のグループにわかれて行います

誰かを指名する 2

まずファシリテーターが指名。「○○さん！」と名前を呼んで手を差し伸べ、その状態を**4**が終わるまでキープします

!

「ファシリテーターが最初に指名し、最後にファシリテーターが指名されて終わる」がルールです

だんだん難しくなりますよ〜。1周ごとに拍手で締め、参加者に成功体験を積んでもらいましょう！

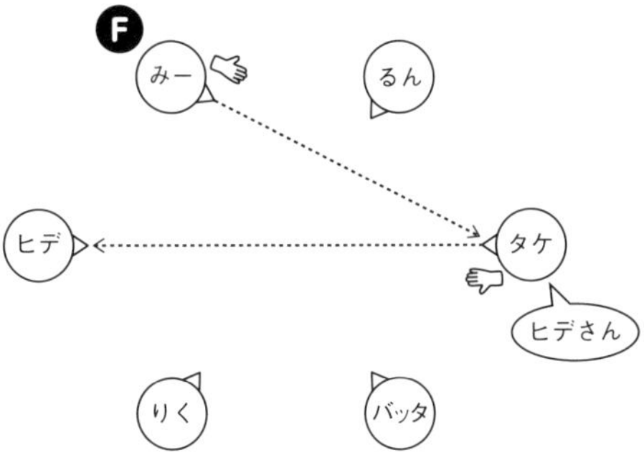

3 次の人にリレー

指名された人（ここではタケさん）が、まだ指名されていない人を「ヒデさん！」のように指名します（**2**と同様、手を差し伸べてキープする）

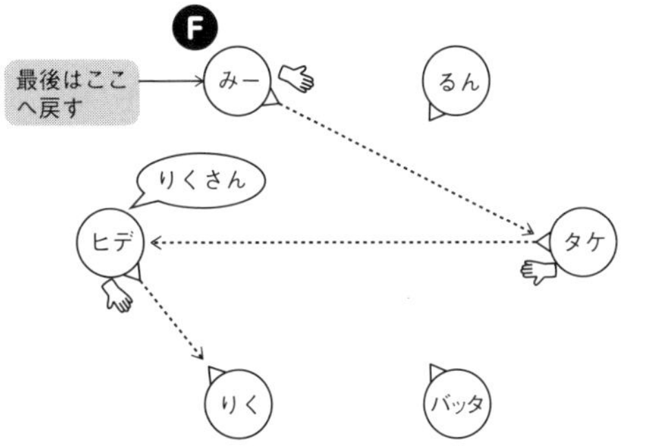

4 リレーを続ける

ヒデさんが「指名されていない人」を指名します。これをくり返し、最後の人は「みーさん！」とファシリテーターを指名してリレー一周成功！　同じ指名順で再度試しましょう

犯人探しはしない

このワークショップでは「誰のせいでできないか」を探るのはやめましょう。

成功することが目的ではなく、やりとりのなかで各参加者に次のような感覚を身につけてもらうのがねらいだからです。

①プレゼントを渡すつもりで相手に伝える

②渡されたプレゼントに感謝の気持ちを返す

③渡した相手がその次の人に渡すところまでを、各自が確認する

④混乱しているときは「ちょっと待ってください」と相手に伝える

次ページに続く

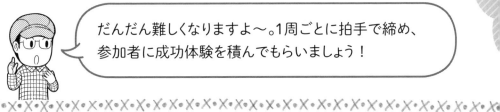

各STEPのリレーの順番は必ず守ります。
交代で「確認係」になってチェックしてもいいですね

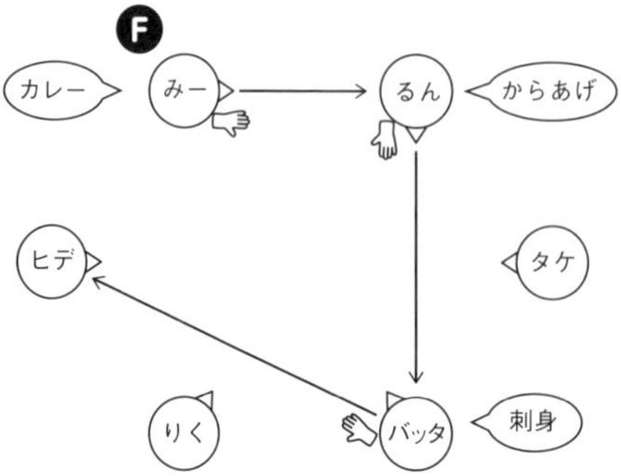

STEP 2

5 テーマを変えて

「自分の好きな食べ物」でリレーします（開始・終了はファシリテーターから。やり方は **2** ～ **4** と同じ）

! 名前は呼びません。必ずSTEP 1で指名したのとは違う人につなぎます

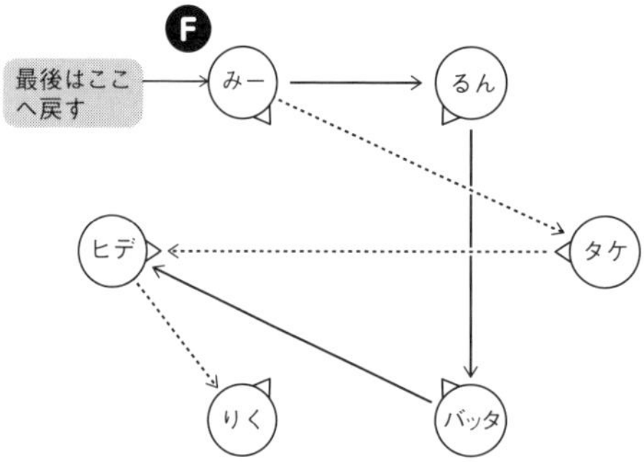

6 ダブルで輪唱！

STEP 1のリレーをスタートした3秒後に、STEP 2のリレー開始！　輪唱状態にして3周くり返します

! STEP 1～2の指名順はそのまま守ります

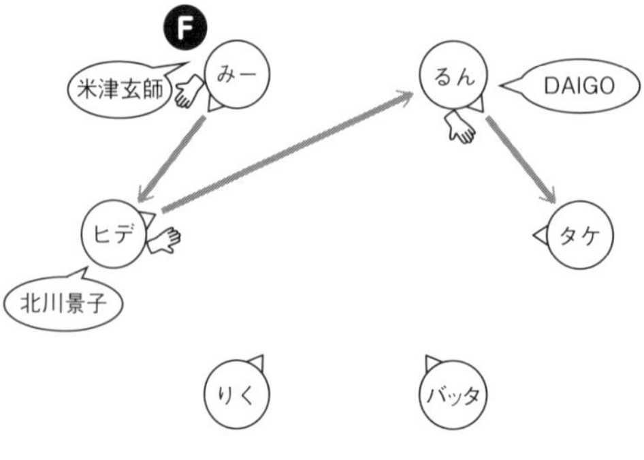

STEP 3

7 さらにテーマ追加

続いて「自分の好きな人の名前」でリレーします。俳優や小説の登場人物など、誰でも構いません

! 今度はSTEP 1～2で指名したのと違う人につなぎます

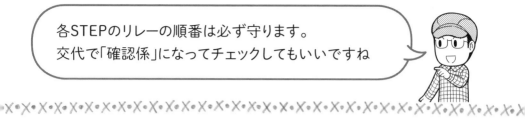

リレー順を忘れてしまったら、参加者同士で互いに声かけしてサポートしてもらいましょう！

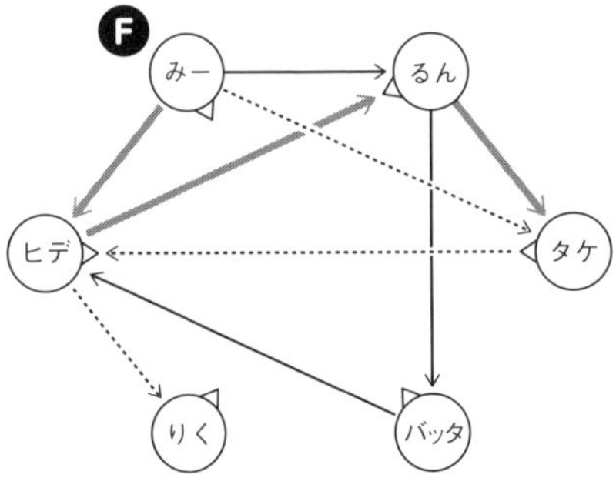

8 トリプル輪唱！

「STEP 1 を開始」→「3 秒待って STEP 2 開始」→「3 秒待って STEP 3 開始」の手順で、3 つのリレーを輪唱します。3 周継続できたら大成功！

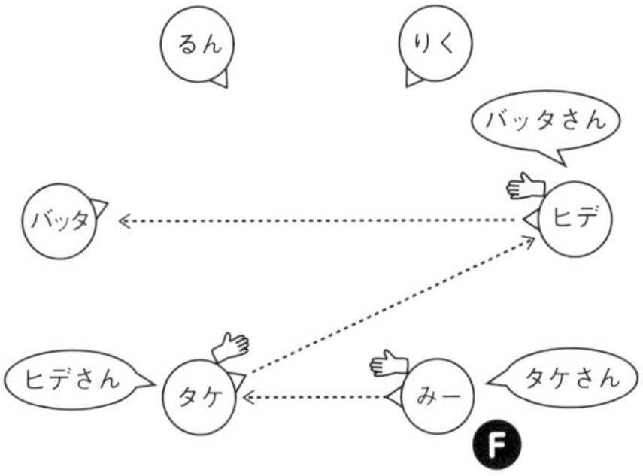

STEP 4

9 場所を入れかえる

ここからは応用。場所を入れかえて、STEP 1 から順に試してみましょう

! 慣れや惰性がなくなり、いいワークショップができます

混乱を目指そう！

このアイスブレイク、輪唱まで取り入れるとゼッタイに混乱しますよね？ でも、わざとそうしてるんです。

日常生活や仕事のなかでは、用件が集中して混乱する場面が必ずあります。でも、発達障害だからといって、いちいちパニックになっていては大変。混乱したなかでも少し落ち着いて、

・相手に伝える
・確認する
・ちょっとサポートする

という経験を積んでもらうのが、このアイスブレイクのねらいです。

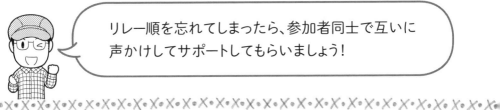

参加者が安心できる話し方をしよう

参加者に話しかけるときは、以下のことを心がけるといいと思います。普段の会話で使える知恵もあるので、参考にしてください！

①説明や質疑応答には時間を惜しまない

発達障害の人は、見通しがはっきりすることで安心感を得られます。また参加者が「自分の質問につきあってくれた」と感じることができれば、それだけで主催者への信頼感が増し、意欲的になれるのです。

②参加者から答えを引き出したいとき

たとえば紙を渡して「好きな食べ物を書いてください」と言っても書けない人がいます。そういうときはいろいろな角度から具体化してみましょう。

「インスタント食品でも缶詰でもＯＫです！」

「テレビで見て好感を持っただけの食べ物や、小説や漫画に出てくる架空の食べ物でも構いません！」

このようにしていくと考えやすくなりますよ。

③話す口調に注意してみる

説明に力が入ると誰でも早口になりますが、聞き手が理解できるよう、次のようにしてみましょう。

・言葉を短く区切り、区切るたびに少し息つぎする

・語尾に小さい「あいうえお」をつける気持ちで話す（たとえば「カレーライス（ぅ）」と、語末の母音を強調するつもりで言い終えるとやわらかく響く）

第3章 自己紹介のワークショップ

初対面が苦手じゃなくなって人間関係が築きやすくなると思いませんか!?
確かにそうかもしれない!
生きづらさを抱えた人は「自分はコレだから」と決めつけて自分の世界を閉じてしまいがちです
キリッ
私はしっかり者キャラ
オレなんてどーせ
うちの子もそうだわ
でも人って実際は誰もがいろいろな面を持っていて自分のどの面を引き出して相手に見せるかで印象が大きく変わるんです
実直な私
ジョーク好きな私
臆病な私
だからこそワークショップでは自分が紹介したい自分を思いきり出してみましょう!
いつもと違う自分の一面を発見するきっかけになるかもしれません!

なんか楽しそうな予感♡
オレは無理かも
ボソッ
やる前からアンタね～
仕方ねーだろ
まあまあ そう否定的にならないで！イイトコサガシのワークショップは文字どおり**イイトコばかり探してもらえる特別な空間です**
これを機会にいろいろな自己紹介にトライしましょう
ズイ
ハイ……
手応えを感じた話題や話し方は普段の会話に取り込めるかもしれませんよ！
まあ自己紹介なら実用性は高そうっスよね
でしょう!? **これは自分を変えるチャンス**ですから「オレなんてどーせ」を蹴散らしましょう！
あきらめてたオレ飛んでけー
オラー
キラ
キラ
大丈夫！誰にでもできる簡単なワークショップですから！**成功・失敗は関係なし！上手《うま》い・下手もありません！**
まぁそういうなら

試しただけで大成功です！
では！自己紹介のワークショップもいろいろありますが
さすがファシリテーター
ここで一つ自分三択クイズをやりましょう！
印象的な経験や大好きなものなど自分と深くかかわるエピソードで三択クイズを出してもらいます
自分三択クイズ
・自分の好きなこと
・自分の経験したエピソード
驚いたこと・嬉しかったことなどなど
このとき必ず楽しいエピソードをクイズにしてください
僕が人生で最もムカついた出来事は次の3つのうちのどれでしょう
こういうのは聞いている側もムカムカしてくるのでダメですよ！
では段取りがてら僕がやってみます！

①20秒以内で問題を出します
僕はサッカーが好きなんですサッカー界には素晴らしい選手がたくさんいますが
そのなかでも僕がサッカーを好きになるきっかけになった選手は誰でしょう?
ピッ
20秒
ピピピピ
以下ファシリテーターがタイマーで時間を計って区切りましょう
②出題者が3つの選択肢を挙げそれぞれについて30秒ずつ説明します
1つめの選択肢は中田英寿です彼がワールドカップに出たときに
そのフィジカルの強さに衝撃を受けました押されても倒れないし〜
ピピピピピ
30秒
2つめの選択肢はチラベルトです
南米ベストイレブン
だってゴールキーパーなのになんでフリーキック打つの⁉ あり得ない主人公感で自信満々な態度とそれに見合う実力が〜
ピピピピピ♪
30秒

3つめの選択肢は
ゴン中山です
いわゆる「アジア以上世界未満」の実力の日本のなかで
彼はテクニックを気持ちで補って〜
ピピピピピ♪
30秒
ポイント
クイズの選択肢には架空の内容をまぜても構いません
本当にあったかのように楽しそうに気持ちを込めて話しましょう!
僕のように話の途中で時間切れになってもOK!
30秒で収まりきらないくらい熱を込めて話します!
伝えた
③参加者がクイズの答えを推理しておのおの30秒で根拠を発表します
私は1番か3番かで悩んでいます
どちらも全力で頑張っている感じで冠地さんが好きそうだから
ワイワイ

ここは出題者のクイズによって話が広がる大切な場面です
私は2つめかな一番アツク語ってた気がする
ほーそう考える
型破りな出来事にグッときたのかもしれませんね
いろんな推理が出るとワークショップがおもしろくなりますので
なるほど
ソレわかります
ファシリテーター
ファシリテーターはこのように積極的に合いの手を入れて楽しい雰囲気を演出しましょう!
④出題者がファイナルアンサーを尋ねます
ではファイナルアンサーですみなさんの推理を聞いて正解が1番の中田英寿だと思う人は挙手してください!
参加者はこのとき先ほどの推理と違う回答にしてもOKです!
挙手を募って集計する単純な手順です
2番のチラベルトだと思う人!
はーい

⑤出題者が正解を発表します
正解は2番のチラベルトでした!
あ・やっぱり
その理由を1分間で感情を込めて説明します
ゴールキーパーの概念を覆されたあの衝撃――そんな選手は後にも先にもチラベルトだけです
うんうん
ここでもぜひ出題者に気持ちを込めて熱心に話してもらいましょう
⑥参加者全員で拍手をして終了次の人に交代です
パチ
パチ
パチ
パチ
全員が出題したら終了です
クイズ番組みたいで楽しいわ〜!
大事なのは自分をわかってもらうために全力で伝える熱意や真心です

「自分のここをこの場のみんなに知ってもらいたい」そう思えることをテーマに選んで出題者が存分に語れるようにファシリテーターが雰囲気づくりできるといいですね
場をあったかくするのってファシリテーターがやっていたんですね
自然でわからなかった
はい ファシリテーターの声かけや合いの手そして説明がワークショップの雰囲気を大きく左右します
たとえば④で出題者がファイナルアンサーを尋ねる場面では
出題者
ファシリテーター
ここからは出題者がファシリテーターです
では○○さん進行をお願いします
こう**出題者の背中を押してあげる**のもいいと思いますよ！
出題者の達成感を演出できます
正解は3番目の○○でした！
おお 自分で進行までできたぞ

テンパるかもしれないけど
ファイナルアンサーを尋ねるだけならオレでもなんとかなるかも
テンパってOKです
ではみなさんも順番に自分三択クイズをやってみましょうか
はーい
○が好きなんですか!? いつからですか?
ええ ○年前からハマっていて
自己紹介のワークショップに取り組むと**自分以外の人に興味がわいて相手に質問する力もついてきます**
ファイナルアンサー!?
あとのページでたくさん紹介していきますからぜひ挑戦してみてくださいね!

なぜワークショップで自己紹介？

コミュニケーションが苦手な人は、だいたい自己紹介も苦手です。

また、ワークショップで初対面の人と場を共有すると、「自己紹介がないと居心地が悪い」という人もいます。そういう人は、自己紹介が一種のアイスブレイクになることもあります。

そういった意味で自己紹介は、コミュニケーションのなかでも多くのニーズがある分野だといえます。だから本書では、自己紹介のワークショップをテーマにした章を立てているんです。

ワークショップとして行う自己紹介は、どれも一風変わっています。「日常生活では役に立たないよ」「普通に自己紹介すればいいじゃん」――そう感じるかもしれません。

発達障害などの生きづらさを抱えている人は、多くの場合、名前に続いて所属や趣味をちょっと言うだけの「自己データ紹介」が習慣化してしまっています。そんな人の内面は、「自分に言えることはこれだけしかない」という、「無意識のブロック」で制限されていることが多いんです。

イイトコサガシのワークショップは、その「無意識のブロック」を崩すことをねらっています。たとえば「あかさたなで自己紹介」（80ページ）のような、日常では絶対にしないような自己紹介は、自分の新しい「引き出し」をこじ開けなければ、とても思いつきません。

自分の内面を探ってみることで「オレってこういう話もできるじゃん！」という気づきにつなげるのが、本章で紹介するワークショップの大きなねらいです。

顔見知り同士でもやってみよう

自己紹介のワークショップは、ぜひ見知った人同士でもやってみてください。相手の新たな一面を発見できるかもしれません。

印象に残っている出来事があります。

あるとき、30年来連れ添ったご夫婦が参加してくださったことがありました。妻が自己紹介のワークショップで、

「自分はカレーに隠し味でトマトソースを入れている」

と発表しました。その話で最も驚いたのは、なんと、夫その人でした。

「へえ、初めて知った」

と言うのです。夫婦でさえこうなんです。だから自己紹介のワークショップはやめられません。「自己データ紹介」ではなく、「自分らしさ紹介」ができるように、そして「毎回違う自己紹介」を目指して、試してみてほしいと思います。

ワークショップは「明るく楽しい話」だけで

これは自己紹介のワークショップに限ったことではありませんが、ワークショップのなかでは原則として、参加者に明るく楽しい話題だけを話すようにしてもらいましょう。聞いていてつらくなる話、暗い話はなし、です。理由はおもに3つあります。

①否定的になるのをやめてみる

生きづらさを抱えた人は、どうしても気分がネガティブに傾きがちです。本人は「今は普通」と思っていても、僕から見ると十分ネガティブ、ということもあります。

自己否定がクセになっている人もいます。「できなくても仕方ありません。僕はダメなやつなんで」と卑下することで殻に閉じこもって、無意識に自己防衛しているのです。

こういう人の課題は、「できない」ことじゃなく、最初から尻込みして成長のチャンスを逃していることにあるんです。その〝閉じこもり〟のパターンを、せめてワークショップのときだけは破ってもらいたいと思います。

②フラッシュバックを予防する

発達障害がある人の場合、つらかった経験を話すことがはフラッシュバックの引き金になったりします。

苦しかった話・暗い話は、話している人をつらい記憶のなかに連れ戻します。そんなふうにネガティブな記憶にいったん浸ってしまうと、後でポジティブな話題で気持ちを変えようとしても、もう気分が戻ることはありません。

フラッシュバックを未然に防ぐには、トラウマからできるだけ距離をとるのがいちばんいいわけです。つまり発言を「明るく楽しい話題」に限定することには、事故予防の意味もあるんですね。

③自分のなかの新たな可能性に気づく

ワークショップを続けていると、

〈こんな人がこんな話題を持ってたんだ。おもしろい！〉

と感じる場面に、幾度となく出くわします。どんな人のなかにも、何かしら「いいネタ」が眠っているのです。そんな、休眠状態にある「おもしろいネタ」を風化させてしまうのは、本当に惜しいことです。

明るい話・おもしろい話は、意識的にそちらにフォーカスしないと、忘れられてしまいます。やがて風化して、なかったも同然になってしまうのです。

それではもったいない。

ワークショップではぜひ、そんな眠っていたネタを自分のなかから発掘して、使える引き出しに保存しなおしてください。きっと日常の会話のなかで役に立つと思います。ワークショップをそんな場として活用してもらえると嬉しいですね。

自己紹介

今日はいい日になるだろう

楽しいイメージの話題で、一日を良い方向に向けましょう

推奨人数:何人でも

1 楽しい話題を考える

全員で輪になって座り、1分間で「自分に関する楽しいイメージの話題」を考えます

!

たとえば次のように話題を考えてもらいます。

○:今朝は寝坊したけど、間に合いました!

×:今朝は寝坊して母とケンカしました!

2 自己紹介する

1人ずつその場で立ち上がり、他の参加者に向かって「私は○○です」と自分のニックネームを言います

自虐ネタは、聞いている人が楽しい気分になるとは限りません。ポジティブな話題を選びましょう

3 楽しい話題を話す

ニックネームに続いて、**1**で考えた「自分に関する楽しいイメージの話題」を話します。最後は必ず「今日はいい日になるだろう」で結んでもらいましょう

> ! 「楽しいイメージの話題」は、１つの文にまとめてもらいましょう

4 全員で拍手！

他の参加者は、盛大な拍手を贈ります。**2**〜**4**を１人ずつ行い、全員発表したら終了です

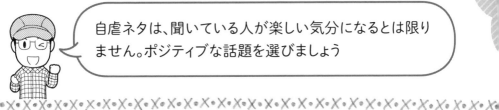

自己紹介

キーワード自己紹介

自分自身をポジティブな言葉で相手に伝える練習です

推奨人数：3人以上

1 キーワードを考える

全員で輪になって座り、各自「自分をたとえる楽しい言葉」を考えます

! 必ず1～2語で考えてもらいます。たとえば「さわやか」＋「風」の2語で「さわやかな風」という具合です

2 名前を名乗る

発表者はその場で立ち、まず他の参加者に向けて「私は○○です」と自分のニックネームを言います

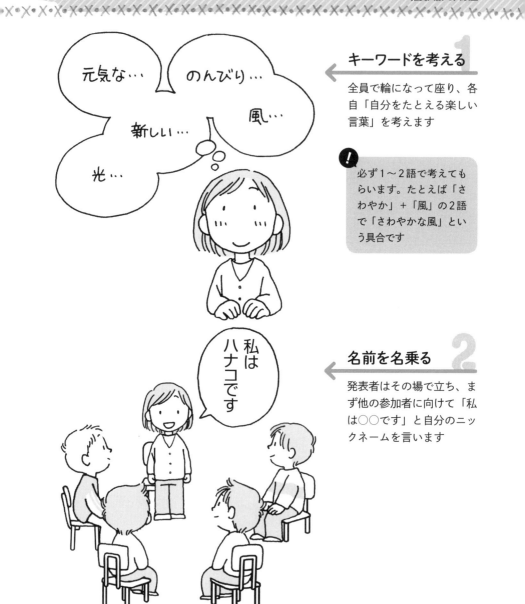

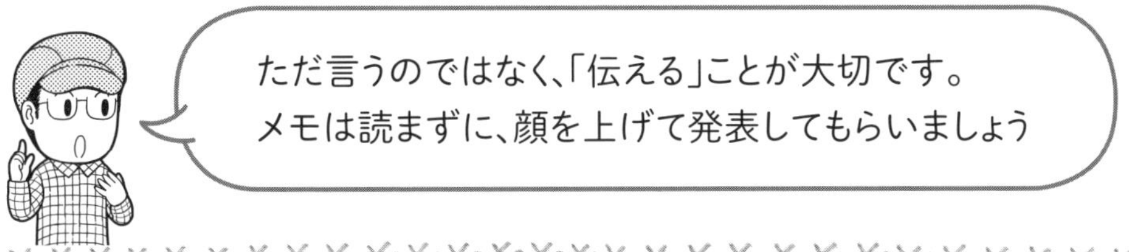
ただ言うのではなく、「伝える」ことが大切です。
メモは読まずに、顔を上げて発表してもらいましょう

ハナコのキーワードは
元気なのんびり屋…

キーワードを発表 3

続いて「○○《ニックネーム》のキーワードは□□です」という文章で、最初に考えたキーワードを発表します

> ！「見ないと言えない」という人には、メモを見てからゆっくり3回手をたたいて、自分の頭のなかで消化してから発表してもらいましょう（詳しくは105ページ）

パチパチッパチパチパチ
です

全員で拍手！ 4

発表者が最後の「です」を言ったら即、全員で拍手！雰囲気を盛り上げましょう

自己紹介

あかさたなで自己紹介

いろいろなパターンの自己紹介をつくりましょう

推奨人数：3人以上

STEP 1

1 自己紹介を考える

参加者に、各自のニックネームの音のなかから2つを選んでもらい、各音ではじまる楽しい自己紹介を1分で考えてもらいます

！ たとえばニックネームが「カンチ」の場合は「か」と「ち」がお題になります。長くなりすぎないよう、20文字程度で考えてもらいましょう

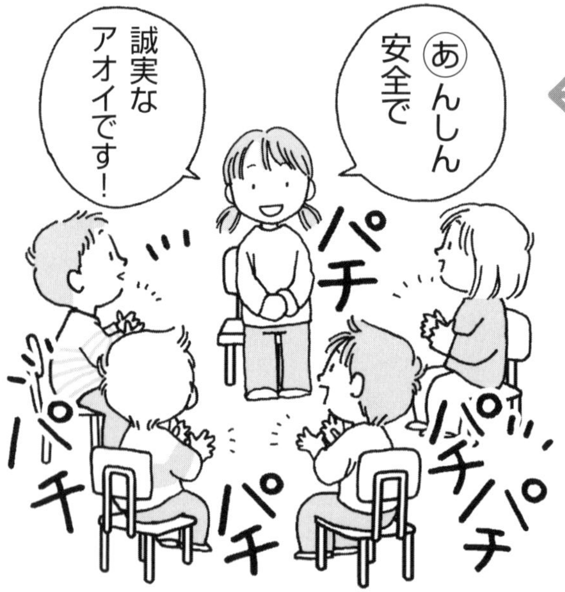

2 自己紹介する

1人ずつ立って、

「○からはじまる自己紹介です」

「○……な□□《ニックネーム》です」

という文章を定型として自己紹介してもらいます

！ 他の参加者は最後の「です」に合わせて盛大に拍手！ 1周したらもう1つの音を使った自己紹介をさらに1周行います

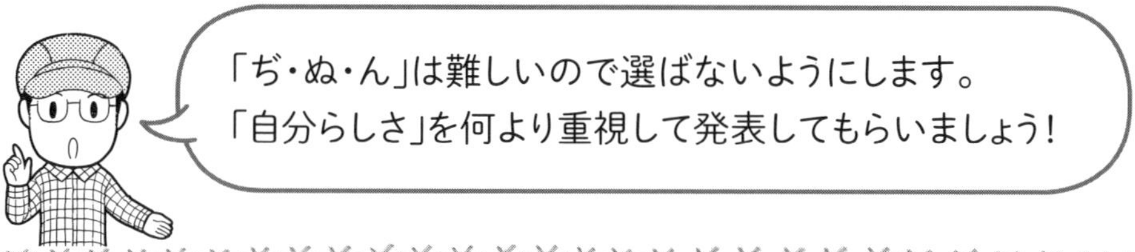
「ぢ・ぬ・ん」は難しいので選ばないようにします。
「自分らしさ」を何より重視して発表してもらいましょう!

頭文字はまです
ま…
まいにち自炊する家事が得意なシロウです
F

STEP 2

アドリブに挑戦 3

ファシリテーターが、お題となる頭文字を1つ出します。今度は考える時間はなし。発表者にはすぐ自己紹介してもらいましょう

!

発表者が思いつかなかったら、「助け舟」として他の参加者からもアイデアを出してもらいましょう

「勇気」をテーマにした
なから始まる自己紹介を考えてください!
F

STEP 3

テーマを決める 4

今度は頭文字に加えて「テーマ」も決めます。発表者は「テーマにそった内容で、かつ、お題の文字からはじまる自己紹介」をその場で考えて発表します

!

イラストのお題なら、「生意気と言われても、勇気をもってはっきり言える人になりたい○○です!」などが自己紹介の例として挙げられます

自己紹介

質問からはじめる自己紹介

相手とのやりとりを通して、印象に残る自己紹介にしましょう

推奨人数：4人以上

STEP 1

1 楽しい話題を考える

参加者は輪になって座り、経歴、夢、趣味など「自分の人間性が出そうな質問」を1分間で考えます。

！「はい・いいえ」ではなく、文章で答えるタイプの質問にしてもらいます

2 質問し自分で答える

「**1**で考えた質問」を言い、続けて「答えが●●の○○《ニックネーム》です」という形式で自己紹介します（1人30秒以内で全員行う）

STEP 2

3 質問を投げかける

1と同じ要領で質問を考えます。今度は発表者が、「私」を主語にして、イラストのように他の参加者に自分のことを問いかけます

このワークショップで発表する自己紹介の文は、1人30秒以内にしてもらいましょう。長すぎるのはNGです！

4 答えてもらう

参加者が挙手をして、回答します。発表者は「いい答えですね」など、イイトコサガシだけをしましょう

> ！ 挙手で質問をしてもＯＫです（たとえば「その場所は海外ですか？」など）

5 正解発表

「では正解です」と前置きしてから、左のイラストの人物のように、質問の答えを含む文章で自己紹介してもらいます

STEP 3

6 話題を引き出す

以下の手順で進めます。

①イラストのように発表者が一般的な質問をする

② **4**のように他の参加者が答える。それに対してイイトコサガシする

③最後に発表者が自分の答えを含む文章で自己紹介

自己紹介

あるあるを使った自己紹介

通が思わず「確かにあるある」とうなずく雑学で自己紹介を考えます

推奨人数：4人以上

1 ネタを考える

輪になって座ります。1分程度時間をとり、自分が詳しいことについて、「よくある！」という雑学を各自で考えてもらいます

！ その分野が好きな人にしかわからない雑学でOK

2 発表者を決める

挙手で決め、発表者は立ちます。イラストのようにファシリテーターが質問し、発表者がテーマを発表します

3 あるあるを披露

ファシリテーターの司会に続いて、発表者は**1**で考えたネタを盛り込んで自己紹介します（イラストのセリフを定型文にするといいでしょう）

他人の知識を自分のネタとして取り込めるようになると
話題の幅を広げることができます

4 質疑応答

ファシリテーターが掘り下げる質問をします。発表者はそれに対して、30秒程度で自分の知識を披露します

5 発表を終える

イラストのように「みなさんが今後□□を好きな人に出会ったら、ぜひ話題にしてください」と発表者に言ってもらい、終了です

! 発表者が話してくれた話題を、参加者が聞いて終わりではいけません。自分の知識として取り込んで活用するよう、声かけしましょう

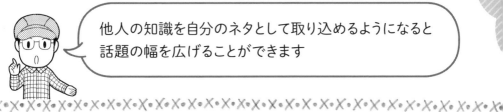

自己紹介

自己「インパクト」紹介

インパクトで自分を相手に印象づける練習です

推奨人数:4人以上

1 話題を考える

1分程度時間をとり、自分に関する「インパクトのあるエピソード」を20文字以内で考えます

！ 自虐ネタは避け、聞いた人が思わず質問したくなるような楽しい内容で考えてもらいます

2 発表者を決める

挙手で発表者を決めます。発表者は前に出て、まずイラストのような、名前だけの自己紹介をします。終わったら一度口を閉じ、心のなかで3秒数えてもらいます

！ メモを見たい人には、しっかり見たあとでゆっくり手を3回たたいてもらい（詳しくは105ページ）、その後、**3**へ進みます

手順**4**の質問は、1人30秒以内でまとめてもらいましょう。
長すぎるのはNGです！

インパクトを狙え！ 3

3秒後、発表者は**1**で考えたエピソードの最後に自分の名前をつけて自己紹介します（イラストのセリフを参照）

! このときのエピソードは、わかりにくくてOK！ インパクトだけを狙います

質疑応答 4

ファシリテーターが「何か質問はありますか」と司会して、参加者から発表者へエピソードについて自由に質問してもらいましょう

次ページに続く

手順**4**で質問する人には、話の内容をきちんと受け、質問して話を膨らませる経験を積んでもらえます！

5 発表を終える

発表者がひと通り質問に答え終わったら、全員で拍手して終了です

6 次の人に交代

再び挙手で発表者を決め、**2**〜**5**をくり返します。全員終わるまで続けましょう

参加者も成長する

「自己紹介のワークショップ」と聞くと、「自己紹介する人のための練習だ」と思う人が多いようです。

　でも、それは大間違い！「他の参加者は発表者の自己紹介を聞くだけ」という、受け身の姿勢だから、そう考えてしまうんです。

　自己紹介は、相手の名前やその人間性を知るチャンスです。一度に何人もの自己紹介を聞いて、質問する機会まであるワークショップは、実は聞く側にとっても貴重な経験の場なんです。

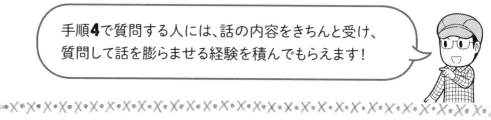

第4章 気持ちを見つめるワークショップ

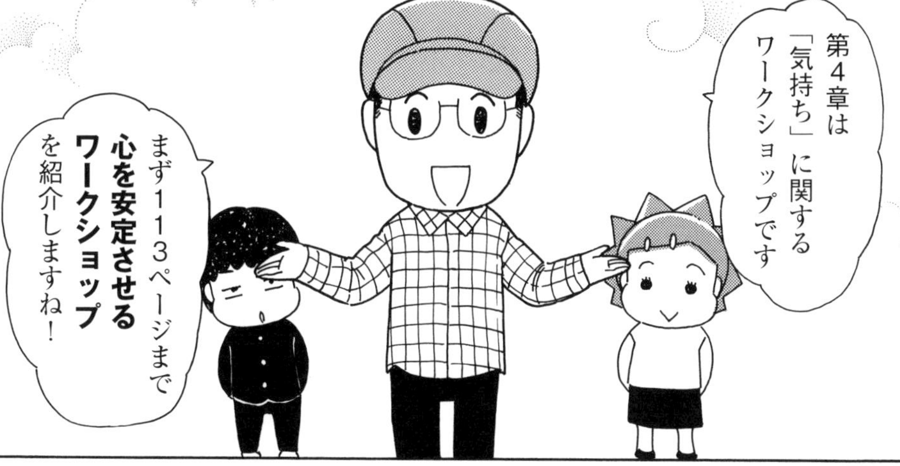
第4章は
「気持ち」に関する
ワークショップです
まず113ページまで
心を安定させる
ワークショップ
を紹介しますね！

生きづらさを
抱えている人は
思考がネガティブに
かたよりがちです
そこで
「意識的に感情を
ポジティブにする
練習をしよう！」
というのがねらい
となります
いいこと
いやなこと

いやなこと
ぺいっ
いいこと
ワークショップで
「前向きに切り替える」
という経験を
積んでいけば
実生活でも
きっと気持ちの
切り替えが上手に
なるでしょう！

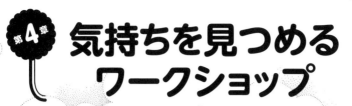

それができたら リュウ太も もっと楽になるかも しれないな…
ボソッ
一人で取り組める ものもあるので 日課にしても いいかもしれませんね
心が落ち着いたら 114ページ以降では **気持ちを伝えるワークショップ** を紹介します
みなさんは 自分の気持ちを 他人に伝えるのは 得意ですか？
はい 私は 得意だと 思います☆
うき♡ うき♡
はぁ
ねえねえ 聞いてよ！ 超ラッキーな ことがあって
ぐち ぐち ぐち ぐち ぐち
オレは少し 苦手かな～ 伝えるのが メンドー
ウソ!? 家では全部 垂れ流しじゃん

「気持ちを伝える」とは「感じた内容を言葉にする」ことです
言葉にすることで
・自分はこう感じていたんだと気づく
・他の人と気持ちを共有する
・モヤモヤしていることを相手に伝える
こういうことが可能になるんです
ですが いきなり「思っていることを自由に言葉にしてください」と言われても
えっ!? どんな言葉で言えばいいの!?
――こうフリーズしてしまう人もいるでしょう
そうそう わかる
だからワークショップでは思ったことを川柳や詩など型の決まった作品で表現してもらいます
ユーモア
皮肉
シャレ
季節感
5・7・5
型
作品
こねて こねて〜

型を決めるとそれが手がかりになりますだからしゃべるのが苦手な人でも気持ちを表現しやすくなるんです！
できました
○○について
こう感じて
こう思った
だからもっとこうしたい
逆についつい言いすぎるという人には言いたいことをムダなく伝える練習になります
ほー 型か型があればオレでもできるかも
作品を考える際みんなで意見を出し合う機会もあります他の人の考えに触れるのもおもしろいですよ
自分では思いつかなかったアイデアに出会うこともありますそれが経験になるんです
オレはこう思うねん
そういう捉え方があるのか
引き出しがいろいろ増えそう！
説明だけじゃイメージが湧きにくいと思うので

心を安定させる ワークショップ のなかから
イイトコドリスト をやってみましょう!
イイトコドリスト
みなさんの心のなかに 人間関係で イイトコどりしたいな〜 という欲求は ありませんか?
自分にとって都合よく すませられたらな〜 という気持ちは 誰にでもあって それは自然なことです
このワークショップでは まず自分にとって 「人間関係が こうだったらいいのに」 という **イイトコどりの状態** をどんどん挙げて もらいます
楽に おいしいこと いっぱい

次に そんな都合のいい 人間関係の 問題点を 挙げてもらいます
いや待て こんなに楽で いいのか？ 誰かが育てた 大切な りんごかも!?
全部 とるのは 欲ばりか？
「こういう 可能性も あるから イイトコどりは 難しいんじゃない!?」 というような意見を 考えてみましょう
……
人は一人だと どうしても 自分に都合のいいこと を考えがちですが
家族から 見た視点
友だちから 見た視点
自分から 見た視点
他者の思いに 耳を傾けてみる という経験を通して 視野を広げていくのが このワークショップの ねらいです
では はじめましょう！
イイトコドリスト
① イイトコどりを 列挙する
エゴ丸出しで 全然ＯＫなので 自分に都合のいい 人間関係を 挙げてください

はい
私が遊びたいと言ったらいつでも遊んでくれる
はい
何を言ってもほめてくれる
エゴまくりっ!
はい
私が白と言ったら白と言ってほしい!
私が話したい話をニコニコ聞いてほしい
告白は必ずうまくいってほしい
上下関係にうるさく言わないでほしい
肩書に関係なくつきあってくれる
イイトコドリスト
たくさんのイイトコどりが出ましたね!
どれも「わかるな〜」と共感できます
②問題点を列挙する
では次にイイトコどりした人間関係の問題点を挙げていきます
その前に大切な注意点があります

ホワイトボードに書かれた意見には「共感できないな〜」と感じるものもあると思いますが
それは△△さんだけの感覚じゃないの
自分は□□だとは思わないけど
このような言い方はしないようにお願いします
批判
否定
○○という事情もあるはずだから難しいんじゃないかな?
例
事情はさまざまある!
Aもある
Bもある
Cもある
××という見方もあるから無理なこともあるかもね
考えられる別の側面を穏やかに指摘するかたちで発言してみてください
物事を多面的に考えるために問題点を挙げます
みなさんが挙げた意見を批判するのが目的ではありません
傷ついたり恥ずかしく思う必要はありませんからね!

ではこれらのイイトコどりの問題点をどんどん言ってみましょう！
イイトコどり
遊びたいと言ったらいつでも遊
なにを言ってもほめてくれる
私が白と言ったら白と言ってほしい
話したい話をニコニコ聞いてほしい
告白は必ずうまくいってほしい
上下関係にうるさく言わないで
肩書に関係なくつきあってくれる
はい
「遊びたいと言ったらいつでも遊んでくれる」について疲れて遊べないときもあったりするんじゃないかな
遊んでー
今日はムリ
はい
風邪をひいていたら遊びにつきあうの無理かな～
はい
一人で遊びたいときもあるしな～
うんうん
はい
「何を言ってもほめてくれる」では心が弱くなっちゃうかもしれないよね
はい
ほめられるのは嬉しいけど自分の悪い部分に気がつきにくくなるよね

はい
たまに ほめられるから 嬉しいのかも しれないしね
なるほど～
はい
「告白は必ず うまくいってほしい」は 好きでもない人に 告白される場合も あるから
好きです つきあって
好きな人いるのに……
される側としては ツライかもしれない
僕は うまくいくかどうか わからないという ドキドキ感や スリルがほしいな～
わくわく ハラハラ 恋は ジェットコースター
うふふ
はい
「肩書に関係なく～」では 肩書によって 自分の主張をうまく 相手に聞いてもらえる こともあるよね
わい わい わい
はい
「私がしたい話を ニコニコ聞いてほしい」は いつもニコニコされたら 逆に「それ本心!?」って 疑っちゃうかもな～

イトコどり
と言ったらいつでも遊んでくれる
言ってもほめてくれる
言ったら白と言ってほしい
話をニコニコ聞いてほしい
は必ずうまくいってほしい
にうるさく言わないでほしい
に関係なくつきあってくれる
問題点
疲れて遊べないときもある
ほめられてばかりだと自分の
短所に気がつきにくくなるのでは？
心が弱くなってしまうかもしれない
たまにほめられるからうれしい
本心からなのかわからない
自分に好きな人がいるときはツライ
うまくいくかわからないほうがおもしろ
全部のイイトコどりに対して問題点が出そろいましたね
③感想を話し合う（振り返り）
このワークショップをやってみて感じたことや気がついたことを発表してください
挙手でどーぞ
はい
そうですよね
自分が主張するばかりじゃなくてまわりの意見を受け入れるのも必要と気づきました
人の言うことも聞け！折り合いをつけろ！
うるさいなー
こう上から目線で言われるとイヤになりますが自分で気づけると向き合いやすくなるよね
ちょっと合わせてみるか〜

みんなと話してみて自分は意外と本音の主張をできていなかったと気がつきました
私はエゴ丸出しの意見に全部同意だったけれど問題点を考えることが自分を成長させるきっかけになるって思いました
こんな自分勝手な意見普段はなかなか言えませんでも今回たくさんのエゴをみんなと話せて楽しかったです
そうですよね！生きづらさを抱えている人ほど
こんなこと言っちゃダメなんだ……
がまんがまん
——こう自分を押さえつけてしまって本音が言えなかったりするんです

普段なかなか自己主張できないならこのワークショップのときぐらいわがまま放題で盛り上がってもいいですよね！
そうかもしれない
あんたは毎日十分エゴってんじゃん
エゴと問題点の双方を同時に考えることで人間関係を多角的にとらえられたはずです
うん
Dさんから見た視点
Aさんから見た視点
うん
Bさんから見た視点

はい！いつもより優しくなれた気がします
そうそれにいろいろな参加者の意見を聞くことで自分の見方もちょっと変化したんじゃありませんか？
確かに！
そういう経験を積み重ねることが大事なんです
4章にもいろんなワークショップが揃っています
「これならやれそう！」と感じたものからどんどん取り組んでみてくださいね！

定型文でやりとりすることの意味

3章の自己紹介も一部そうでしたが、これ以降の章では、発表者とファシリテーターが定型文でやりとりするワークショップが多くなります。

たとえば、「ちょっとでも好きの8テーマ」のなかでは、発表の前に必ず、

ファシリテーター「どんなイメージで話しますか？」

発表者「30秒という時間の感覚を忘れる勢いで話します！」

ファシリテーター「『自分らしさ』と『わかりやすさ』、どちら優先ですか？」

発表者「自分らしさ優先です！」

というやりとりを、どの人ともします。これには「ワークショップの目的を確認する」「目的を言語化して身につける」という2つの目的があります。声に出してもらうことで、ワークショップを充実したものへと導けます。

さらに、口頭発表では、参加者に以下のことに気をつけてもらいましょう。

●たとえば「30秒で話す」と決まっているときは、必ず30秒間話してもらいましょう。ひ

と言話しただけで終わっては意味のないワークショップもあります。「30秒以内」と書いてある場合とは区別するようにしてください。

●話すときに「えーと……」「それで……」「なんか……」「よく覚えていませんが……」などの言葉をたくさん差し挟む人がいます。こうした言葉はいわば「話のぜい肉」。内容をわかりにくくするだけなので、極力省いてムダなく話すようにしてもらいます。

メモやノートが「必要」という人がいたら

発達障害の人は「悪気はないのにすぐ忘れてしまう」という特性を持っている場合があります。また、そういう特性がないのに、忘れることを不安がる人もいます。だからファシリテーターは、「発表のときにメモを見ていいか」「ノートをとりたい」と尋ねられたりします。そんなときは、次のようにするのがおすすめです。

忘れるのを不安がる参加者には、まず「忘れたらぜひ質問してください」と伝えてみてください。ワークショップは「試す」場です。失敗はむしろ大歓迎！「尋ねる」という行為はそれ自体がコミュニケーションですし、「質問力」をつけるきっかけになります。

それでも、たとえば意見を発表するとき、「どうしてもメモを見たい」という人には、「今は見てもいいけど、少しずつ、見ないでもできるようにしよう」と伝えて、次のような手順を踏んでもらってもいいと思います（左のイラスト参照）。

（1）発表の前に、まずじっくりメモを見る。

（2）見終えたら参加者のほうを向き、手を空手チョップの要領でゆっくり「1・2・3」と打って、間を取る。手を打つ間に言いたいことを頭に定着させる。

（3）参加者のほうをしっかり見て発表する。

このようにして、言いたいことをメモを見ずに表現する経験を積んでもらいましょう。

(1)メモを見る

(2)手を3回打つ

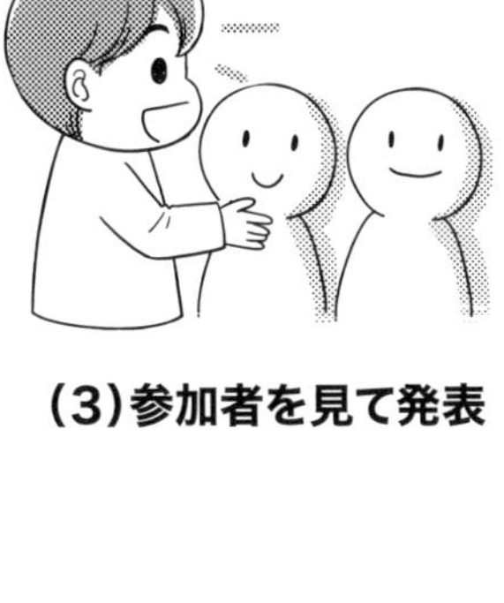

(3)参加者を見て発表

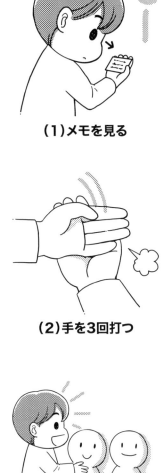

心を安定させる

心を表す

自分の感覚を可視化してみるワークショップです

推奨人数：10人程度まで　必要なもの：ペットボトル

1 距離で感覚を表現

ペットボトルなど、目印になるものを「基準点」とします（①）。次にファシリテーターが参加者に「今の気持ち」を尋ね、参加者は気持ちの強さに応じて基準点と距離をとります（②）

①

基準点
F

②

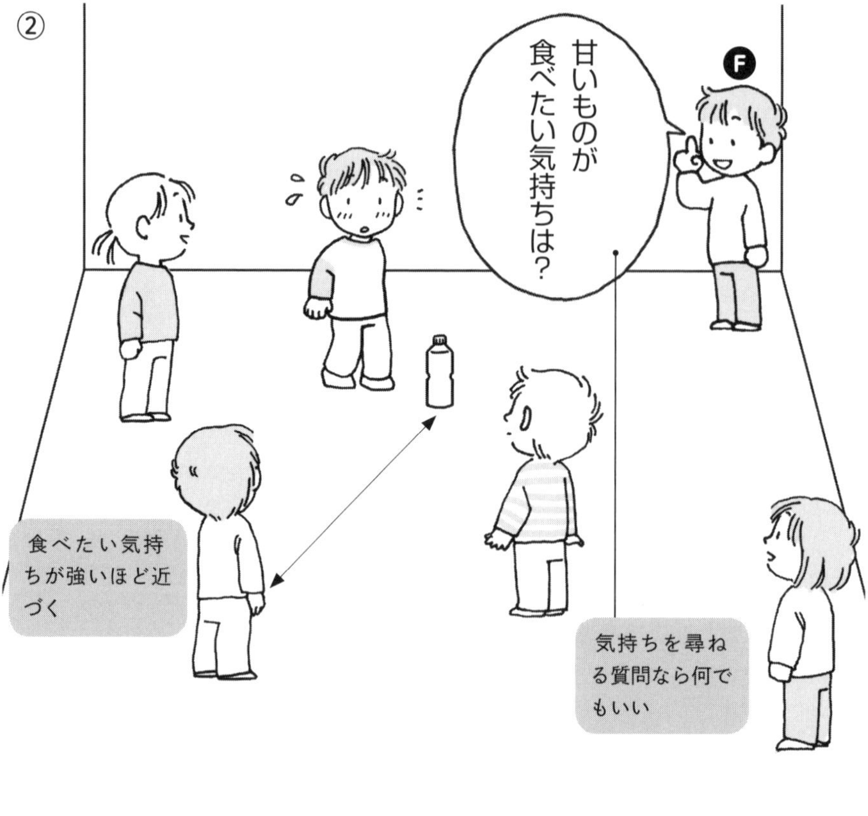

F
甘いものが食べたい気持ちは？
食べたい気持ちが強いほど近づく
気持ちを尋ねる質問なら何でもいい

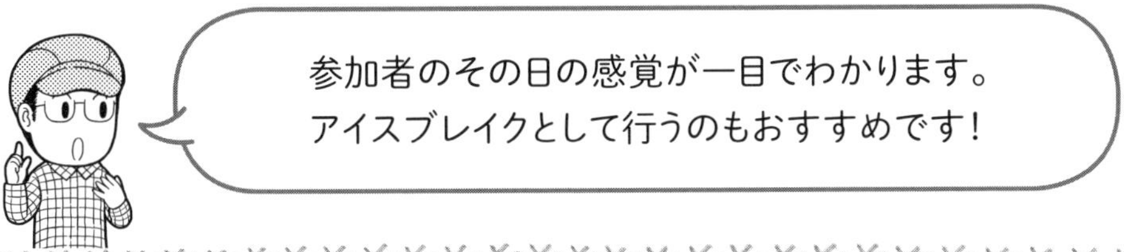
参加者のその日の感覚が一目でわかります。
アイスブレイクとして行うのもおすすめです！

2 気づきを振り返る

実際にやってみて気づいたこと、感想などをひと言ずつ発表します

見た目でわかって楽しかったです
食べたい人が少なかったのが意外でした

3 参加者が尋ねる

参加者が順番に「今の気持ち」を尋ねて**1**を行います。全員終わったら、再び**2**の振り返りをしてみましょう

今 旅行に行きたい気持ちが
どれくらいか表してください

意外な結果が出ることも

「心を表す」は単純なワークショップですが、自分や他人の気持ちを手軽に確認して比べられるというよさがあります。

一度「インターネットと自分の距離感を表現してください」というお題を出したことがありました。参加者は全員、基準点から遠く離れました。

ところが話し合ってみると全員が日常的にネットを使っていて、なかには「依存」と言えるくらいの人もいました。二面性が浮かび上がるのも、このワークショップの興味深いところです。

心を安定させる

タイムスリップ

過去の自分を癒し、今の自分の課題と向き合いましょう

推奨人数：3人以上

1 いつに戻るか考える

励ましてあげたい時代の自分に会いに行くワークショップです。参加者に10〜14歳頃の自分を思い出してもらい、タイムスリップして励ましに行くなら、いつ頃の自分がいいか、30秒程度で考えてもらいます

! イラストのように半円形に座って行います

2 戻る時代を発表

挙手で発表者を決め、前に出てもらいます。ファシリテーターが何歳（あるいは何年生）頃に戻りたいか質問し、発表者はそれに答えます

! この後の発表で悩みや出来事を具体的に説明する必要はありません。そのことを発表者にあらかじめ伝えておきましょう

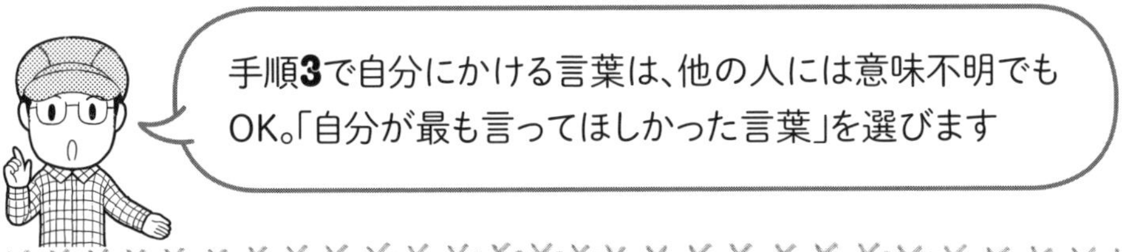
手順3で自分にかける言葉は、他の人には意味不明でもOK。「自分が最も言ってほしかった言葉」を選びます

自分に語りかける 3

最初に30秒くらいで、過去の自分に対して「共感」や「受容」の言葉をかけます

! ファシリテーターはタイマーで1分計ります。雰囲気が壊れるので30秒経過しても声はかけません

よく頑張ってるよ
つらいことがいっぱいで
逃げ出したいよね
仕方ないよ
14歳のわりには
ちゃんとやってる
偉いよ

自分に助言する 4

続けて30秒を目安に、今度は過去の自分に「提案」「助言」をしてもらいます

! タイマーが鳴ったら発表を終えてもらいましょう

大人全員を
信じないのは
極端すぎるかな
○○先生が
言ったことを
素直に考えてみて

参加者の癒しになる

わざわざ人前で「受容」「励まし」を行うのがポイントです。参加者が「自分だけじゃない」と実感し、それがエンパワーメント（力づけ）や癒しにつながるからです。癒しを感じられるからなのか、このワークショップを嫌がった参加者は、今のところいません。

自分に対するアドバイスの言葉は意外と出てこない人が多いので、全員**1**～**4**までを行ったら、まったく同じ事柄を思い浮かべて、もう一度**3**～**4**だけくり返して行うことをおすすめします。

心を安定させる

決めゼリフ

夢のシチュエーションを経験できるチャンスです

推奨人数：3人以上　必要なもの：紙とペン

1 セリフを考える

スクール形式で座ります。まず、参加者各自に「人生で一度は言ってみたいセリフ」を1分間で考えてもらいます

! 映画や本に出てくるセリフでも、オリジナルでも構いませんが、25文字以内を目安にしてもらいましょう

2 前振りを考える

1で考えたセリフについて、その前振りになるセリフを考えてもらい、各自で紙に書き出します。長くなりすぎないよう、25文字以内としましょう

! 全員書き終わったら机を片付け、イスを半円に並べ直します

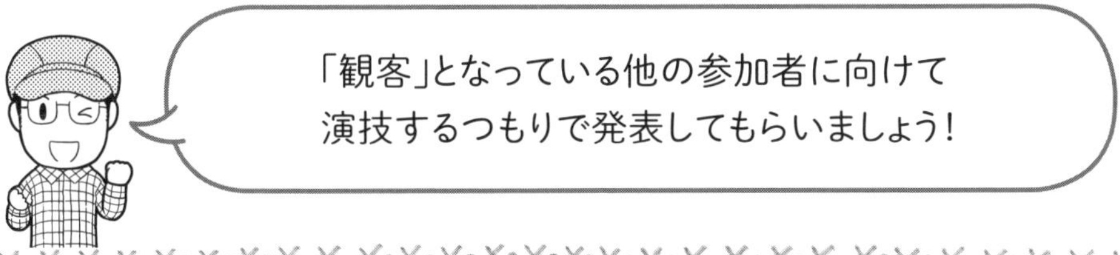

3 演じてみる

挙手で発表者を決め、前に出てもらいます。発表者は前振りが書かれた紙（**2** で用意したもの）をファシリテーターに渡します

> **!** ファシリテーターは、渡された前振りを暗記してからイラストのように言いましょう

4 そして決めゼリフ！

ファシリテーターの前振りに続いて、発表者が **1** で用意した決めゼリフを言います。発表が終わったら全員でよかったところを話し合います

> **!** 役柄になりきって言ってもらいましょう。他の参加者には意味不明なセリフでも一向に構いません

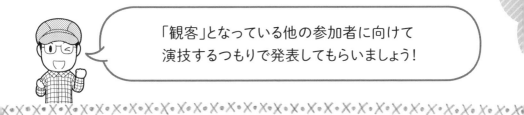

心を安定させる

王様の耳はロバの耳

納得できない思いを吐き出して、心を楽にしましょう

推奨人数：5〜6人程度まで　必要なもの：紙とペン

1 発表することを考える

スクール形式で座って行います。最初に、みんなの前で発表する「納得できないこと」を各自決めましょう

！ 下の囲みに挙げた、どちらかのパターンで考えます。各自の好みで、どちらを選んでもらっても構いません

「納得できないこと」の決め方

①軽いテーマで

大好きな物や感謝している人など、ポジティブなテーマのなかに潜む「納得できないこと」を探す（口に出したとしても、なるべくダメージが少ない「納得できない」を選ぶ）

例）

「少女漫画は主人公が都合良くモテモテになるのが変です！」

②重いテーマで

実際の人間関係、仕事、出来事などで自分が感じている「納得できないこと」を探して発表する（フラッシュバックなどが起こらないように、心の負担にならない程度の内容を選ぶ）

例）

「私にパワハラした嫌な人が出世するなんておかしい！」

手順**3**→**4**で気分を「ネガティブ→ポジティブ」へパッと切り替える経験を積むのが、ここでのねらいです！

2 質問を考える

次に、「自分がされて嬉しい質問」を書きます

! 例）ゲームが好きな人なら「一番熱中したゲームは何ですか？」のような質問を書いてもらいます

3 1人ずつ発表

挙手で発表者を決め、発表者は前に出て、まず**2**で書いた紙をファシリテーターに渡します。続いて「納得できないこと」を30秒間、感情を率直に出して話してもらいます

4 質問に答える

3の話が終わったら、紙に書かれた質問をファシリテーターが暗記して、発表者に尋ねます。それに答えるかたちで、発表者は自分の好きなことについて30秒間話します

気持ちを伝える

ちょっとでも好きの8テーマ

「自分の好きなこと」で、自分の新しい一面を発見しましょう

推奨人数：1人以上　必要なもの：紙とペン

STEP 1

準備をする

書く作業をともなうワークショップです。書きやすいように机をスクール形式に並べ、ホワイトボードを準備します

2

シートを作成する

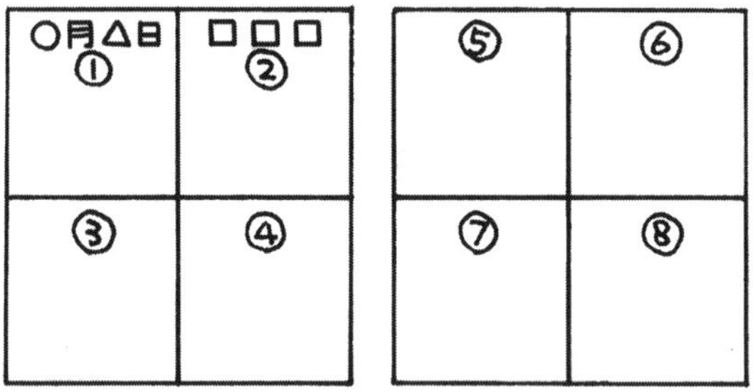

左のイラストのように、白紙の上の部分に日付と名前を書きます。表と裏に線を引いてシートを4分割し、それぞれ1～8まで番号を振って記入スペースを8つつくります

3

テーマ発表→記入

ファシリテーターがテーマを1つ発表します。次に2分時間をとり、参加者各自でそのテーマに該当する「ちょっとでも好きなもの・こと」をできるだけ書き出します

【テーマを発表する際の注意】

- テーマは参加者には伏せておきましょう
- 必ず「1テーマ発表→書く→1テーマ発表→書く」の段取りを踏みましょう
- 複数のテーマを一度に発表するのはNG。1つのテーマに集中してもらうためです

※以下では「食べ物」「場所」などのテーマを例に説明しますが、テーマはファシリテーターが自由に決めて構いません

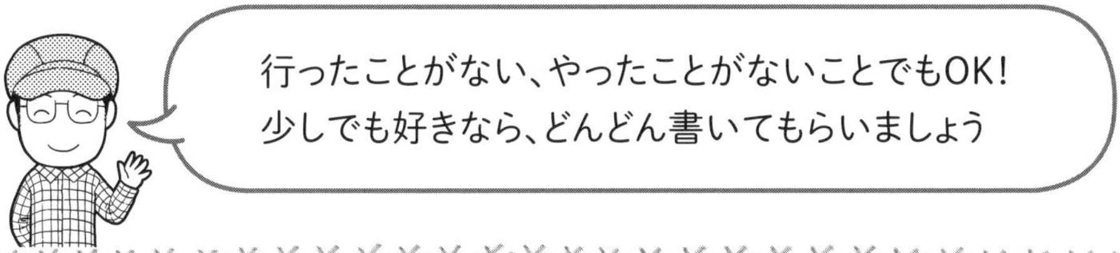

8テーマ書き出す 4

1つのテーマで2分間書き終わったら、次のテーマを発表して、また2分間書いてもらいます。これをくり返して、8つの欄を埋めていきます

!
複数のテーマを一気に書くのはNG。ファシリテーターは次のテーマを推測されないよう配慮しましょう

振り返ってみる 5

「ちょっとでも好きなこと」を8つのテーマにわたって書き出してみて「気づいたこと」「視野が広がったこと」「新たな発見」などを30秒程度で参加者に発表してもらいましょう

次ページに続く

この2ページを使って、シートの見本を紹介します！
STEP2 はこのシートを使っての発表となります

表

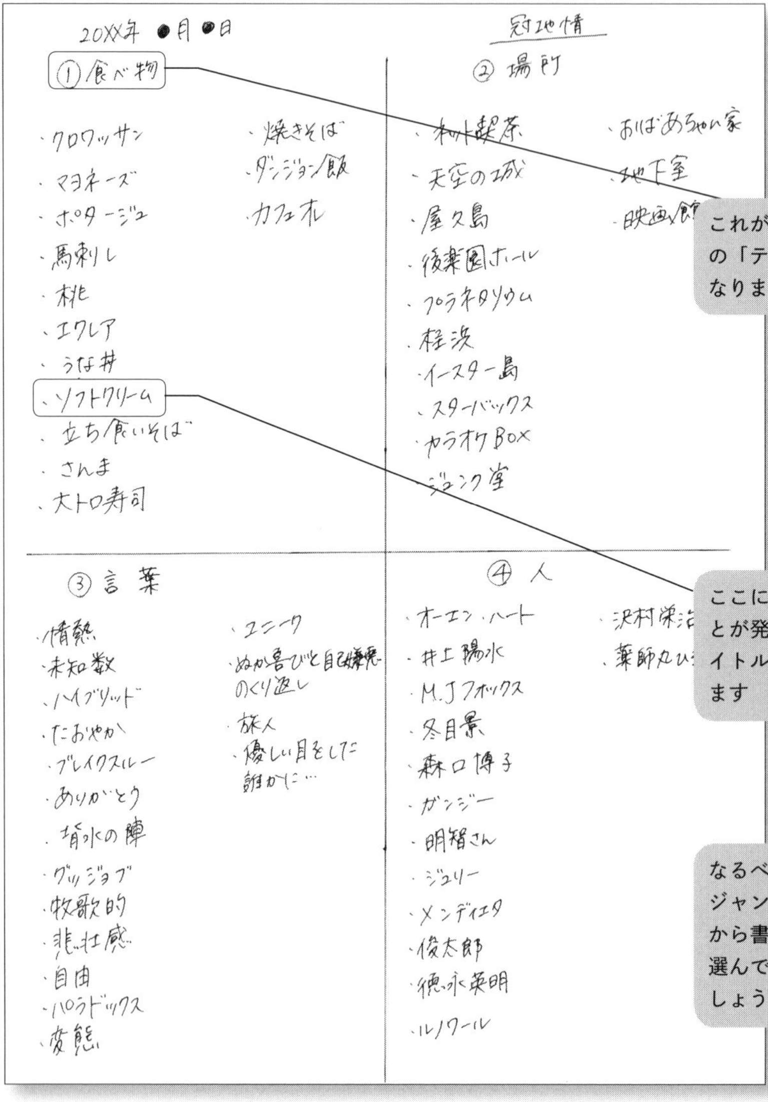

20XX年 ●月●日

冠地情

① 食べ物

・クロワッサン
・マヨネーズ
・ポタージュ
・馬刺し
・桃
・エクレア
・うな丼
・ソフトクリーム
・立ち食いそば
・さんま
・大トロ寿司
・焼きそば
・ダンジョン飯
・カフェオレ

② 場所

・ネット喫茶
・天空の城
・屋久島
・後楽園ホール
・プラネタリウム
・桂浜
・イースター島
・スターバックス
・カラオケBOX
・ジュンク堂
・おばあちゃん家
・地下室
・映画館

③ 言葉

・情熱
・未知数
・ハイブリッド
・たおやか
・ブレイクスルー
・ありがとう
・背水の陣
・グッジョブ
・牧歌的
・悲壮感
・自由
・パラドックス
・変態
・ユニーク
・ぬか喜びと自己嫌悪のくり返し
・旅人
・優しい目をした誰かに…

④ 人

・オーエン・ハート
・井上陽水
・M.J フォックス
・冬目景
・森口博子
・ガンジー
・明智さん
・ジュリー
・メンディエタ
・俊太郎
・徳永英明
・ルノワール
・沢村栄治
・薬師丸ひ

これが発表の際の「テーマ」になります

ここに書いたことが発表の「タイトル」になります

なるべく異なるジャンルのなかから書くことを選んでもらいましょう

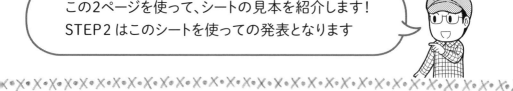

参加者に安心して書いてもらえるように、「シートを他の人に見せることはありません」と伝えましょう

裏

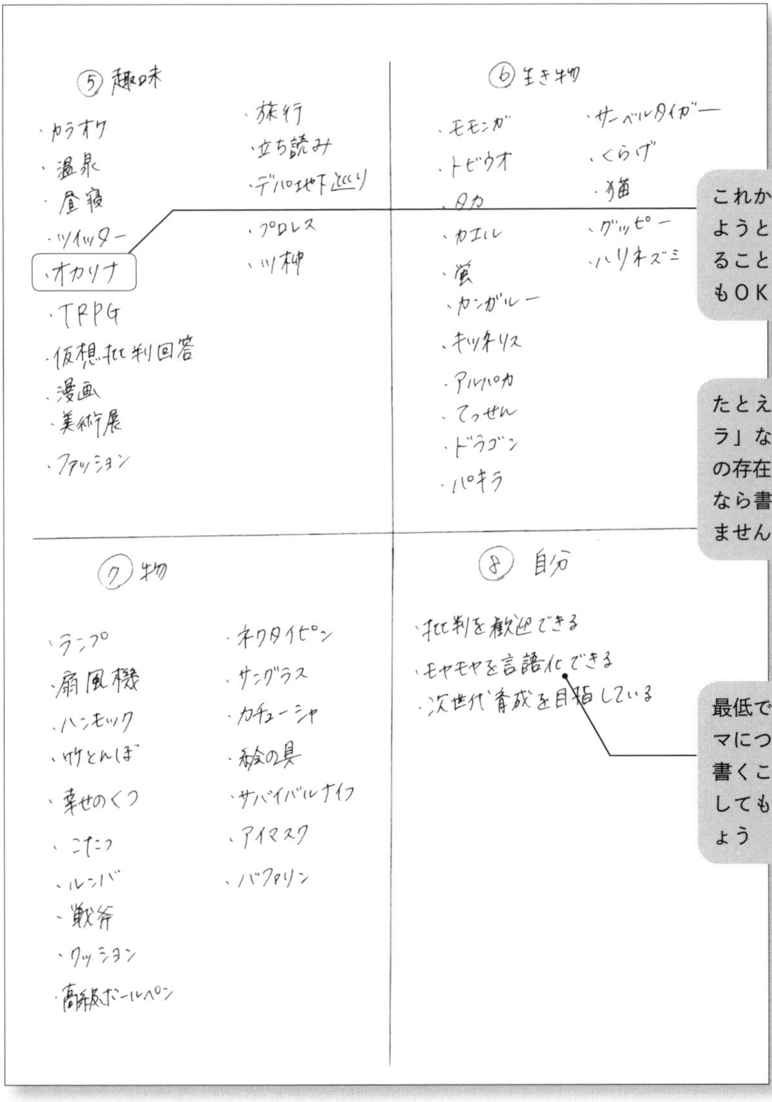

これからはじめようと思っていることを書いてもOKです

たとえば「ゴジラ」など、架空の存在も「好き」なら書いて構いません

最低でも1テーマにつき3つは書くことを目指してもらいましょう

次ページに続く

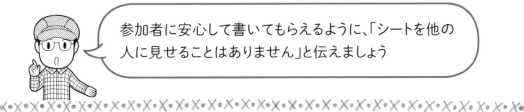

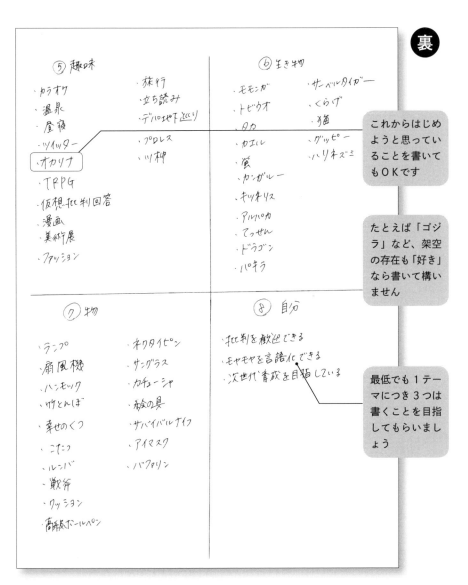

発表者に「大切なことを最初に言ってください」と助言しましょう。時間切れで発表が不十分になるのを防げます

STEP 2

6 各自がテーマを選ぶ

4で書いたなかから、プレゼンするテーマを選びます。左の優先順位を基準にして、参加者自身に選んでもらいましょう

【優先順位】

①一番自分の新しい引き出しが開きそうなテーマ

↓ なければ

②一番ワクワクするテーマ

↓ なければ

③一番情熱を込めて話したいテーマ

7 定型文で決意表明

挙手で発表者を決めます。発表者に、前に出てテーマとタイトルを発表してもらいます。左のようにファシリテーターと定型文でやりとりしてもらいましょう

F：テーマは何ですか？

「食べ物」です

F：タイトルは何ですか？

「ソフトクリーム」です

F：どんなイメージで話しますか？

30秒という時間の感覚を忘れる勢いで話します！

F：「自分らしさ」と「わかりやすさ」どちら優先ですか？

「自分らしさ」優先です！

！ 左の例は、**4**で「食べ物」欄に書いたなかに「ソフトクリーム」があり、それが一番ワクワクするので発表のために選んだ参加者の場合です

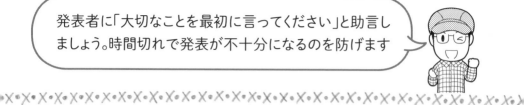

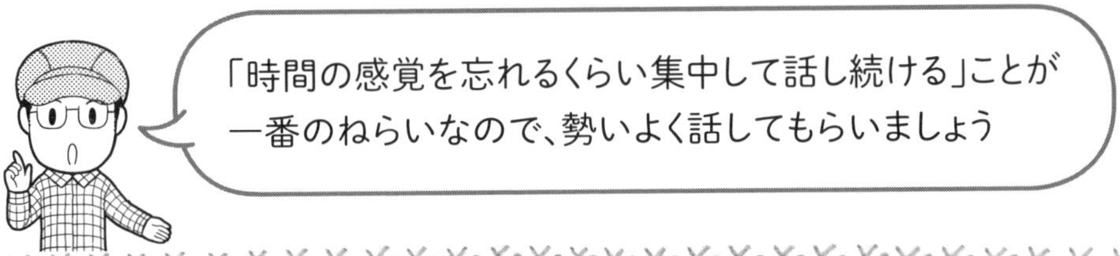
「時間の感覚を忘れるくらい集中して話し続ける」ことが一番のねらいなので、勢いよく話してもらいましょう

最近のコンビニのソフトクリームはおいしくて甘さがとっても…
ピピピピピピピ
F
終わりでーす!

8 いざ発表!

ファシリテーターの「スタート」の合図で、テーマについて 30秒間、熱い思いを語ってもらいます

!
話の途中でも必ず30秒で終わります。逆に話が30秒に満たないときは、さらに話を続けてもらいましょう

30秒って思ったより短かったです
ソフトクリームでこんなに話せるとは思いませんでした

9 再び振り返り

6～**8** をくり返し、全員が発表し終わったら、「発表を通して気づいたこと」「視野が広がったこと」「自分のなかでの発見」についてみんなで話し合います

気持ちを伝える

川柳バラエティーコレクション

5・7・5のルールのなかでムダなく伝える経験を積みましょう

推奨人数：5〜6人程度　必要なもの：紙とペン

1 上の句を考える

1分程度の時間で、上の句に当たる5文字の言葉を考えて、1人ずつ発表します

! 極端にネガティブな言葉でなければ何でもOK。ファシリテーターがホワイトボードに書き出します

2 句を完成させる

各自、自分が考えた上の句に続く中の句、下の句を考え、「5・7・5」を完成させます

3 作品を発表

最もよくできたと思う作品を1人ずつ発表します。ファシリテーターは、ホワイトボードに書きとめます

! 発表のときは上・中・下の各句の間で全員で1つ手を打ちます。相手と呼吸を合わせる練習です

ワークショップでは、わかりやすいように川柳の各部分を「上の句」「中の句」「下の句」と呼んでいます

4 優秀賞を決めよう！

全作品のなかから、最も上手にまとまっていると思う作品をみんなで話し合い、優秀賞を決定します

! 多数の作品ができた場合は、紙にまとめてコピーし配付するのがおすすめ

STEP 2

5 頭文字を決めて

上の句、中の句、下の句の頭文字だけを決めて、川柳をつくってもらいます。その後の手順は、**3**～**4**の流れをくり返します

川柳の作品例

実際に発表された作品の一部を挙げておきます。

成せば成る
三日坊主も
経験値

気がついた
イイトコサガシ
難しい

人生に
疲れてもまた
腹は減る

どうしても句ができない人には挙手で助け舟を求めてもらい、全員で知恵を貸しましょう。

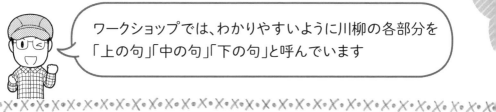

気持ちを伝える

五行詩のワークショップ

川柳よりゆるいルールのなかで、自分の世界観を作品にまとめます

推奨人数：5人以上　必要なもの：紙とペン

STEP 1

1 各自が五行詩を作る

ファシリテーターがキーワードを２つ決め、それを２行目と４行目に必ず入れて、参加者に１行＝20文字以内の五行詩をつくってもらいます

！ 最初に参加者からキーワードになりそうな言葉を挙げてもらいましょう

2 発表する

発表者に、自分がつくった五行詩を披露してもらいます。発表が終わったら、参加者は拍手をしましょう

！ メモを見ても構いませんが、感情を込めて発表してもらいましょう

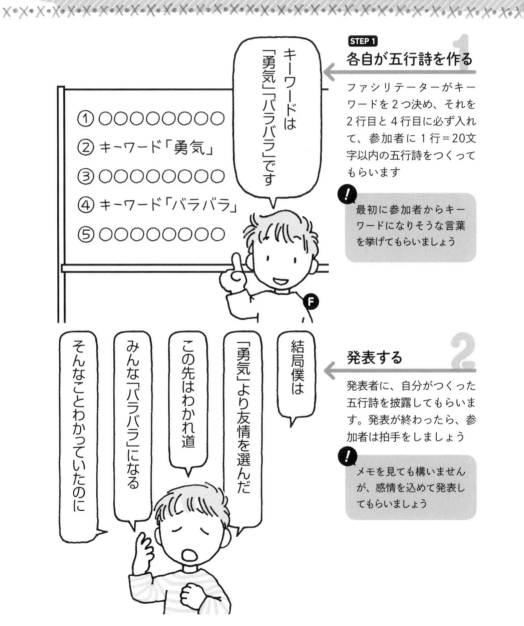

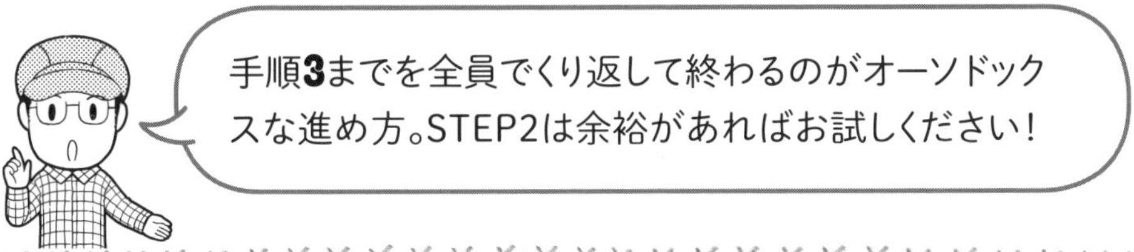
手順3までを全員でくり返して終わるのがオーソドックスな進め方。STEP2は余裕があればお試しください！

3 イイトコサガシ！

参加者から発表者に対して、質問や感想などを伝えてもらいます

! 否定的なコメントはなし。いいところだけ伝えます

カッコよかったです！
雰囲気があってステキでした
切なかったです

STEP 2

4 「返しの詩」を作る

2で考えた五行詩への「返しの詩」（返答）を各自が考え、発表とイイコトサガシをします

! 返しの詩でキーワードを使う必要はありません

Aさんの五行詩
結局僕は
「勇気」より友情を選んだ
この先はわかれ道
みんな「バラバラ」になる
そんなことわかっていたのに
返しの詩です
「あの頃の僕らは」…

STEP 3

5 リレー形式で行う

誰かが詩の１行目を考えたら、次の人がその続きをつくります。順番にリレー形式で一つの詩を完成させましょう

あの空のように
心に一点のくもりもなく
続きをお願いします
はい！「あの海のように」…

次ページに続く

「詩のタイトルや頭文字だけ決めてつくる」「キーワードの位置を変える」などのルールにしても楽しめます

五行詩と「返しの詩」の作品例

キーワード
2行目に**アサガオ**
3行目に**楽しく**を使う

早起きをした
アサガオの開く瞬間を
楽しくひとり占め
早く咲いてほしいけど
もったいない気もしている

返しの詩
朝早くに咲いた
私の紫に輝く花びらを
あなたが見てくれた
朝露に濡れていただけ
泣いてなんかない

キーワード
3行目に**優しい**
4行目に**確か**を使う

旅の途中
なぜだか思い出す
優しい、そして苦い言葉
確かに、お前の言う通りさ
独り言を風に乗せて

返しの詩
彼は行った
何も言わず、すべてを抱えて
あの時言った私の言葉
自己満足ではなかったか
「ごめん」が今、風に舞う

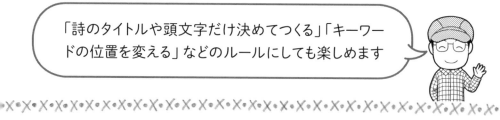

ワークショップの雰囲気をよくする

ワークショップを充実したものにするためには、「いい雰囲気」を保たねばなりません。僕は次のようなことに気をつけています。

①参加者が失敗したとき

ワークショップは「試す」場ですから、失敗や中断はむしろ大歓迎。みんなで考えるきっかけができたと思いましょう。誰かがしくじったら、

「○○さん、ありがとうございます！　おかげで、このワークショップの難所がわかりましたね。どうすれば乗り越えられるか、全員で考えましょう！」

という声かけでプラスに転換するといいですよ。

②「批判」「評論」「反省」はNGに

ワークショップは何かを評価するためのものではありません。「きみはここを直したほうがいいと思う」といった〝論評〟や、「自分は××ができませんでした。すみません」といった〝反省〟は、ファシリテーターも参加者もＮＧです。

「○○さん、頑張っていてよかったです」

「自分は××ができなかったけど、△△はできたので、こちらを伸ばしたいです」

と未来につなげる発想に転換するよう声かけしましょう。自己肯定感が低い人もいるので、いいところばかり探すくらいでちょうどいいんです！

イイトコサガシの「これまで」と「これから」

イイトコサガシは僕、冠地情が立ち上げた〝ワークショップ・グループ〟です。当初は「発達障害の当事者会」「社会適応を目指す会」という位置づけで、当事者を中心に福祉系の有資格者やボランティアの人などの協力を得て運営してきました。

しかし、活動するなかで「当事者の親や支援者など、みんなで成長していける場にしたい」という思いが強くなり、今は「誰が来てもOK！」ということにしています。

現在のイイトコサガシは、いち任意団体です。NPOなど、法人化を目指したこともありましたが、組織や規則を整備すると活動の自由度は低くなります。加えて、それぞれ本業があるメンバーの負担も重くなります。実際、法人化を検討した時期に、多くの人が参加できなくなってしまいました。フットワークの軽い、自由度の高い会を目指したかったので、最終的に法人化はやめたという経緯があります。

現在の固定メンバーは３人。人数は少ないですが、最近では企業の研修でワークショップを行ったり、「こども食堂」で幼稚園児や小学生と一緒に開催するなど、活動の幅は広がっていて、精神保健福祉士のテキスト『精神保健福祉の理論と相談援助の展開Ⅱ　第２版』（2014年）で紹介されたこともあります。今後も少数精鋭で自由に活動していきたいと思います。

第5章 会話を楽しむワークショップ

私の話をどう思ったかな？
え!?
人生には会話の土壇場といえる場面が必ずある
「仲良くなりたい！」そう感じる人と出会ったとき
「本音を伝えるべきかそれともやめるべきか」の選択に直面したとき
ハッキリ言ってくれていいんだぜ友だちだろ！
自分の発言ひとつで相手への印象が大きく変わりかねないとき
……
志望動機は？
君のセールスポイントは？
こういうときどんなやりとりをするかで人生が大きく変わります

普段意識して積極的に会話をしてこなかった人は土壇場では実力の半分も発揮できません
え〜とえ〜と
わかる… オレ大切な場面を会話でうまく乗り切るとか諦めてるとこある
もったいない!
ほう!
会話の土壇場に対応するためには**コミュニケーションする力を鍛える**必要があります!
へー 鍛えられるものなんですか?
ムキムキマッチョに
イメージが違います
会話って必ずテーマがありますよね たとえばテーマにふさわしいエピソードを記憶のなかからパッと取り出すとか——
テーマ
テーマに合う話

選んだエピソードを言葉に換えて相手にムダなく伝えるなどの練習は必要です
それわかる！私もこのあいだ同じような経験をしてね…
いや…無理っスとっさには浮かばない
あんたの場合浮かんでも伝え方がヘタだからね～
言葉は乱暴すぐキレる
まあね…自覚はある
実は僕は会話のやり方にはあまり多くのパターンはなくてある程度決まった共通ルールがあると思ってます！
ですからワークショップでは参加者に多くの会話を経験してもらい会話のルールを体に刻み込んでもらうことをねらっています
相手の話を聞く
会話のテーマに合わせる
話は短く
なるほど！失敗してもＯＫな場で場数を踏んでルールを身につけそれを実生活でも役立てればいい！ということですね
そのとおり！

ではここで何でもリレーというワークショップをやってみましょう！
何でもリレー
パン パン
手を叩いてリズムをとりながら「自分が好きなもの」を言うリレーです
発言する人にみんなで手を差し出してあげてください
パン パン
サッカー
どうぞ♡という気持ち♡
まずはウォーミングアップ「好きなもの」ではなく「自分の名前」でリレーしてみましょう！
僕から反時計回りで！
よっしゃー
パン パン
カンチ
サッ

パン
パン
たろう
パン
パン
マッキ
パン
パン
にゃんこ
1～3周ほど
くり返して
終わったら拍手！
うまくいきましたねー!!
パチ
パチ
パチ
パチ
パチ
パチ
では いよいよ
STEP1です
「自分の好きなもの」
でやってみましょう
その前に
気をつけてほしい
ポイントが
2つあります
ポイント①
パン
パン
え～と
う～んと
言葉に
詰まったときは
自分の名前を
言いましょう
テンポを乱さず
リズムを最優先
します

ポイント②
パン
あんぱん
パンパン
メロンパン
パン
クリームパン
パンパン
言うことを異なるジャンルから選びましょう
単なる作業にならないよう注意です！
ピッ
以上をおさえたところで 各自でいろいろな種類の「好きなもの」を30秒間考えてください
30秒計ります
アレもコレも言おう
では先ほどの名前をリレーした順番でやりましょう
ピピピピピ
30
パンパン
ラスベガス
パンパン
水彩画
パン
チーズケーキ
パンパン
パンパン
ハンバーグ
パンパン
羽生《はにゅう》くん

パン パン
漫画
パン パン
時間があれば
6周ほど
リレーしていきます
水泳
終わったら
拍手!
パチ
パチ
パチ
お疲れ様
でしたー!
パチ
パチ
パチ
いや~
好きなものでも
4周目から
思いつかなく
なっちゃった
オレ結局
ゲームの名前を
何回も
言っちゃったよ
にやり
さて!! みなさん
今のリレーで
自分以外の人の
「好きなもの」を
ちゃんと聞いて
ましたよね?
え…!?
これから
今のリレーで出た
「好きなもの」から
○○さんは
□□が
好きなんですね!
はい
挙手で
質問します
はい
それは□□
△△だからで…
相手にこう質問して
答えてもらうという
会話を 順番に
やってみます!

質問された人は30秒で答えてください！
そうキタか〜〜
他の人のなんだっけ？……
はい
ピピッ
では僕からかなしろさんはチーズケーキが好きなんですね！
タイマーで30秒計ります
は！私チ…チーズケーキですか!?
ピピピピ
おおー
え〜はいいろいろなチーズケーキを食べ比べるのが趣味で〜最近はチーズアイスというチーズ商品もあり——
まだ途中でも30秒で話を終わります
時間内にまとめられなかった…
素晴らしかったですよ拍手ー!!
パチパチパチパチ
好きなものの話なら突然でも話せちゃうでしょ？
ええ知識があるからいきなりでもいけちゃいますね！

会話のなかで
自分が好きだと
言ったことを
相手が覚えていて
それに興味を
持ってくれたら
嬉しいですよね！
だから普段の会話で
相手が好きなものの
話題が出てきたら
要チェックです
すぐに記憶して
質問して
みましょう！
心のメモ
△△さんは
○○が好き
こういうのが
さっき言った
「会話のルール」
になるわけです
そういう
ことかー
続いて
STEP2
例
テーマ「夏」
かき氷
花火
浴衣
セミ
テーマを1つ決めて
そのテーマに合う
単語をリレーします

テーマは「海」で逆まわりで試しましょう
※逆まわりでなくてもOK
パン
パン
波
パン
パン
加山雄三
パン
パン
無人島
パンパン
ビキニ
パンパン
パラソル
何周かリレーし脳をフル回転させましょう
STEP1でしたのと同じ要領で質問してみましょう
花子さんはなんで「海」で「無人島」を連想したんですか?
30秒で答えます
それは何となく青い海にポッカリと浮いた美しい島があったら独り占めしたいと思ったからで~
会話のなかで相手が話したちょっとしたキーワードを拾って質問する練習になります

STEP3
今度はテーマなしで前の人が言った単語から連想してリレーします！
パンパン
パンパン
写真
パンパン
カレンダー
パン
パン
新年
パンパン
冬
パンパン
ミカン
大きな声でハッキリ言います
必ず他の人にもわかるような連想にしてください
STEP3では答えに詰まったら前の人の単語をくり返してもOK
パンパン
ジュース
パンパン
えっと
ジュース
そして最後にまた質問の時間をもうけます
なんでリュウ太さんは「冬」から「ミカン」を連想したんですか？
えっと…「冬」ってコタツ入ってミカンを食べるイメージで〜

テーマがないと
あらかじめ答えを
用意できないので
難易度があがります
はい
にゃんこさんは「新年」から
なぜ「冬」を
連想したんですか？
え〜と
子どもの頃に
新年の挨拶をする朝が寒い
思い出からです
STEP4
パン
パン
自分
STEP3の
連想リレーに
動きを加えて
いきます
自分の次の人が
発言している間
立ち上がって
ください
シュタッ
自分
○○○
わっ
難しそう
野球
パン
パン
松井秀喜
パンパン
スタッ
パン
パン
スタッ
ゴジラ
ストン

シュタッ
パンパン
ウルトラマン
ストン
シュタッ
パンパン
宇宙人
ストン
うわー!!!
混乱する
ははは
混乱するためにどんどん新しいステップに進むんですよ！
立つ
聞く
言う
聞く
次に立つ
負担がかかった状態のなかでもなんとか話題を考えて同時に相手の話も聞く練習をしてるんです

それに混乱しているときのほうが自分でも驚くようなアイデアが出たりするんですよ!
きのこ
パン
パン
えっ きのこ!? きのこって確かカビだよね
胞子がいいかな いや抗生物質か!?
いい汗かいたー
頭使って疲れたけどオレも意外とやれたなー
ワークショップで混乱しながらも相手の話を聞く経験を積めば実生活の混乱しそうな場面でも対処できると思いませんか?
明日の会議は10時A室で
わかりました 何名で用意しますか
確かに普段の会話ってさすがにコレよりラクかも!
こんなふうにこの章では会話のルールが身につくワークショップを紹介しています
ぜひやってみてください

僕が考える「会話のルール」

漫画では描き切れなかった、僕なりの会話のルール（「コツ」と言い換えてもいいかもしれません）をもう少し紹介しておきますね。

①半分ずつ公平に

会話は、最低2人いて成り立つものですが、一方が話しすぎるともう一方が不公平感を抱いたり、「ついていけない」とひいてしまったりします。「時間・質問・共感を相手と半分ずつ分かち合って参加する」つもりで会話するのがいいと思います。

②話しているテーマにそって話す

自分の好きなテーマへと会話の流れを強引に変えてしまう人がいます。それでは相手に嫌がられてしまいますね。会話の際は、そのとき話すべきテーマからそれないよう、気をつける必要があります。

③７〜８割の内容を肯定する

会話全体の７〜８割を、「そうなんですね」「そこおもしろいですね」など肯定の言葉で埋めていくつもりで話しましょう。残りの２〜３割は「自分の意見」「自分らしさ」でいいと思いますが、いわゆる「ツッコミ」「いじり」「辛口コメント」は避けるべきです。

誰であれ、「肯定的に聞いてくれるけど、自分の意見はある」という人と話したいと思うはずです。そんな人になることを意識しつつ、会話するといいですね！

これをさらに細かく・わかりやすくしたのが、「楽しい会話のワークショップ」（１７５ページ）の「８つの心がけ」です。あわせて参考にしてください！

「助け舟」を気軽に使ってもらうコツ

発達障害の当事者のなかには、「支援を求める」「相談する」のが苦手な人もいます。たとえば仕事で行き詰まってもうまく助けを求められず、無理に自力で解決しようとして心身を壊す人までいるくらいです。これは会話に限らず、どのワークショップでも言えることですが、あらかじめ「助け舟の求め方」を参加者に周知しておくといいですよ。具体的には、

①ルールとして説明する。

「答えに詰まったら手を挙げて、『××について助け舟お願いします！』と、他の参加者にヘルプを求めてください」と事前に伝える。

②ホワイトボードに「助け舟ＯＫ」と大書しておく。

書いておくことでいつでも確認でき、忘れずにすむ。

③あらかじめ「助け舟カード」を用意する。

参加者各自に1枚ずつ持ってもらい、困ったらそれを呈示してもらう。

ここまですると、パスしないで答えられる人がちょっとは増えると思います。

「他の人に頼ればいいや」と他力本願になるのはちょっとマズいです。

でも、自分で考えに考えて、それでもできないときにうまくサポートを求めるのは、決して恥ずかしいことではありません。それ自体が立派なコミュニケーションです。

参加者にぜひ実践してもらいたいですね。

伝える力をみがく

プロンプター

ファシリテーターの後に続いて、効果的に伝える話し方を練習します

推奨人数：3人以上　必要なもの：本や新聞、雑誌などの活字媒体

1 読みたいものを決める

本や新聞などのなかから、参加者に読みたいものを選んでもらいましょう

！ ファシリテーターが用意するだけでなく、参加者にも好きな作品を持ち寄ってもらいましょう

2 発表者を決める

挙手で発表者を決定します。発表者は前に出て、自分の読みたいものをファシリテーターに渡します

なぜ復唱するのか

「プロンプター」とは、ここでは発表者が間違えないように正しい文章を示す補助役のことを意味します。

　このワークショップのねらいは、内容をしっかり固めてから話す経験を積んでもらうことです。初めての人や、うまくできない人がいる場合は、

①ファシリテーターが抑揚をつけて読む

②参加者はそれを聞いたあと、手をゆっくり5回打ってから気持ちを込めて復唱

というふうにしてもらってください。

半円になって行います。参加者には、話す内容をきちんと把握してから発声してもらいましょう

3 復唱しよう！

①ファシリテーターが読みやすいページを任意に選びます
②ファシリテーターが切りのいいところまで文章を読みます
③発表者が②でファシリテーターが読んだところを復唱します

F：雨があがると、

雨があがると、

F：ごんは、ほっとして穴からはい出ました

ごんは、ほっとして穴からはい出ました

F：空はからっと晴れていて、

空はからっと晴れていて、

F：もずの声がきんきん、ひびいていました

もずの声がきんきん、ひびいていました

※以下、続く

! 1人につき、時間にして2～3分間、②～③を継続して発表とします（例文は『ごんぎつね』より）

4 振り返り

1人が発表を終わるごとに、みんなで「気づき」を話し合います（**2**～**4**を全員が行ったら終わり）

! 慣れてきたら参加者にもプロンプターを務めてもらい、その気づきも発表してもらいましょう

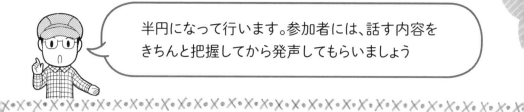

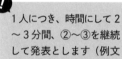

伝える力をみがく

コミュニケーション文法改造計画

助詞に意識を向けると、相手にわかりやすい話し方ができます

推奨人数：3人以上　必要なもの：紙とペン

趣味
経験
価値観
特技…

STEP 1

テーマとなる単語を決める

机とイスを用意し、スクール形式で座ります。30秒程度で、各自でテーマとなる単語を１つ決めます

！ わかりやすくて楽しげな名詞であればどんな言葉でもOKです

例 テーマが「買い物」で「を」「で」を使う場合
①買い物は僕をイケメンにする
②買い物でねらっていた服をゲットした

2

文を作る

ファシリテーターが任意に助詞を２つ指定します。参加者は選んだ単語に助詞をつけて、短い文を２つつくります

！ 難しい場合は1つでOK

テーマは何ですか？
F
買い物です
使う助詞は？
「を」と「で」です

3

テーマを発表する

挙手で発表者を決めます。イラストのような定型文で「テーマ」と「使う助詞」を発表します

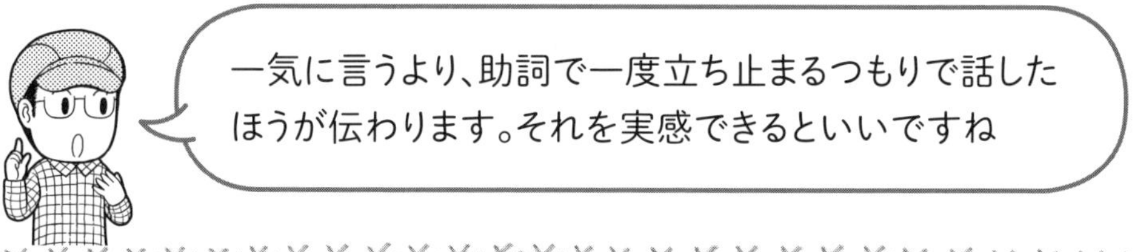
一気に言うより、助詞で一度立ち止まるつもりで話したほうが伝わります。それを実感できるといいですね

4 発表、そして振り返り

2で考えた文章を発表します。その後、全員で気づいたことを振り返りましょう

! 助詞の位置で区切り、助詞を強めに発音してもらうのがポイント

買い物は僕**を**
イケメンにする
買い物**で**
ねらっていた服**を**
ゲットした

STEP 2

5 長めの一文にまとめる

イラストのように指定の助詞2つを含む7語くらいの文を1つつくってもらうやり方もあります（手順は**1**〜**4**と同じ）

例 テーマが「買い物」で
「を」「で」を使い
一文にまとめた場合
買い物**で**
ねらっていた服**を**
ゲットした

助詞に注目する理由

読者のみなさん、試しに助詞を強調するつもりで文を発音してみてください。言葉にうまく区切りができ、緩急もつきます。それによって、言いたいことがクッキリしてくるはずです。

逆に一文を一気に・切れ目なく言ってみてください。メッセージの印象が薄くなるのではないでしょうか。このワークショップで実感してほしいのは、そういうことなのです。「てにをは」を適切に使う練習とは目的が違うことを、よく理解してくださいね！

伝える力をみがく

アイ・集・深・身

「アイコンタクト」「集中」「深呼吸」「身振り」を使う練習です

推奨人数：3人以上

【例文】

①「昨日は　友達に会ったのですが」

②「久しぶりに　懐かしい　漫画の話で」

③「とても　盛り上がりました。」

④「楽しい　一日に　なりました。」

このような簡単な文章を各自で考え、身振りを交えて発表してもらいます！

1 やり方の説明

「アイ・集・深・身」は、出来事を紹介する左のような簡単な文章を参加者につくってもらい、身振りなどを交えて効果的に伝えてもらうワークショップです。この目的を、参加者としっかり共有します

2 「身振り」を指定する

文章の最後で使う「身振り」をファシリテーターが指定します

！
・体を大きく使う動き
・誰にでもできる動き
この２つを満たす身振りを指定しましょう

ここでいう「文節」は「文を区切りやすいところ」を指します。文法的に厳密に考える必要はありませんよ！

3 各自で文章を考える

2分時間をとって、各自で発表する文章を考えます。ポジティブな内容ならどのようなものでも構いません

目安として、一文は多くて4文節程度で、一文節は15文字以内とします

【アイ・集・深・身を入れる場所】

① 「昨日は　友達に会ったのですが」
ここでアイコンタクト

② 「久しぶりに　懐かしい　漫画の話で」
ここで集中する

③ 「とても　盛り上がりました。」
ここで深呼吸

④ 「楽しい　一日に　なりました。」
最後は身振りを入れる

4 発表のルールを説明

たとえば**1**の【例文】を発表する場合は、左の図のように切りのいいところで「アイ」「集」「深」「身」の要素を入れてもらいます。参加者にきちんと説明しましょう

ファシリテーターがデモンストレーションしてみせるといいでしょう

次ページに続く

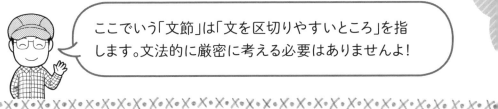

言葉以外の要素も使ってコミュニケートしてみよう！
というワークショップです

5 各自で練習する

2分時間をとり、参加者それぞれで発表の練習をしてもらいましょう

6 いよいよ発表！

発表者を挙手で決めたら、前に出てもらって発表をはじめます

！ ここでは説明のため、以下の文を発表の例としています
「テレビドラマは私にとって、ストレスを解消するための大切なツールです。ドラマを見ていると現実から離れ、空想の世界に手軽に入れます」

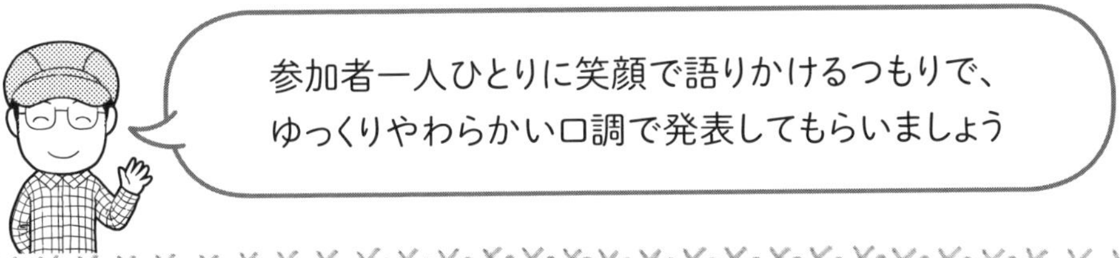
参加者一人ひとりに笑顔で語りかけるつもりで、
ゆっくりやわらかい口調で発表してもらいましょう

7 アイコンタクト

切りのいいところまで話したら、いったん中断して聞き手とアイコンタクトをとります

! イラストのように他の参加者と視線を合わせようとしていることを身振りで表現してもらいましょう

8 発表を再開

アイコンタクトをやめ、また続きを話します。再び切りのいいところで中断です

ストレスを解消するための
大切なツールです

次ページに続く

手順**9**では集中するだけでなく、次のワンフレーズを一度頭のなかでリハーサルしてもらいましょう！

9 集中する

発表者に、自分の言おうとしている内容に、もう一度意識を集中してもらいましょう

! イラストのように指をこめかみにあて、「集中」を表現してもらいます

10 再開したのち深呼吸

集中を解き、発表を再開します。発表者は切りのいいところでまた中断し、大きく深呼吸をします

意識的に身振りなどをはさんで区切りを入れることで
余裕のある話し方ができることを経験してもらいましょう

11 身振りでキメる!

ファシリテーターが**2**で指定した身振りで話を締めくくったら、発表終了です

> **!** 「アイ」「集」「深」「身」が雑にならないよう、発表者に適宜、声かけするといいでしょう

12 振り返りをする

発表してみて何を感じたか、発表者に振り返ってもらいましょう。全員で「気づき」を話し合ってもOKです（全員が発表したら終わり）

パターンを変えよう

アレンジのアイデアを3つ紹介しておきます。

①先にアイ・集・深・身
「アイコンタクト→話す」「集中→話す」「深呼吸→話す」……という具合に、アイ・集・深・身の後に発話するやり方です。

②順番を変える
たとえば「深呼吸→集中→身振り……」のように、入れる「アイ・集・深・身」の順番を自由に変えてもいいでしょう。

③参加者に考えてもらう
使う身振りを参加者に考えてもらいます。統一してもいいし、各自好きなものでもOKです。

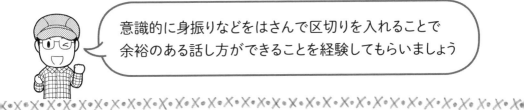

伝える力をみがく

15セカンズ

会話の1ターンの目安となる15秒の感覚を身につけてもらいましょう

推奨人数：3人以上

STEP 1

ルールを伝える

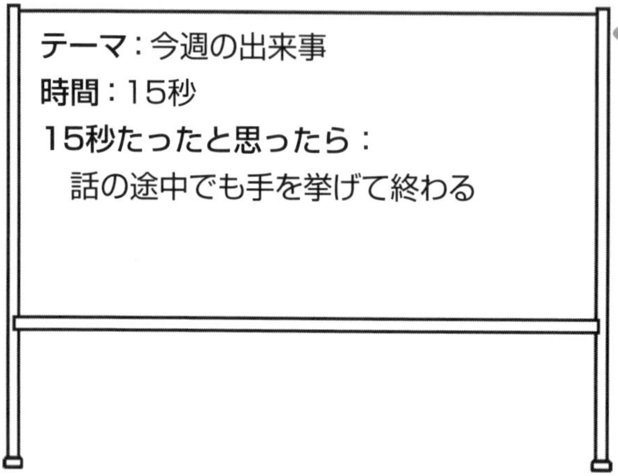

テーマ：今週の出来事
時間：15秒
15秒たったと思ったら：
話の途中でも手を挙げて終わる

1人ずつ15秒間の発表をするワークショップです。半円形に座り、まずファシリテーターがルールを説明します

！ テーマやルールを確認できるよう、必ずホワイトボードにも書きましょう

2 定型文で確認

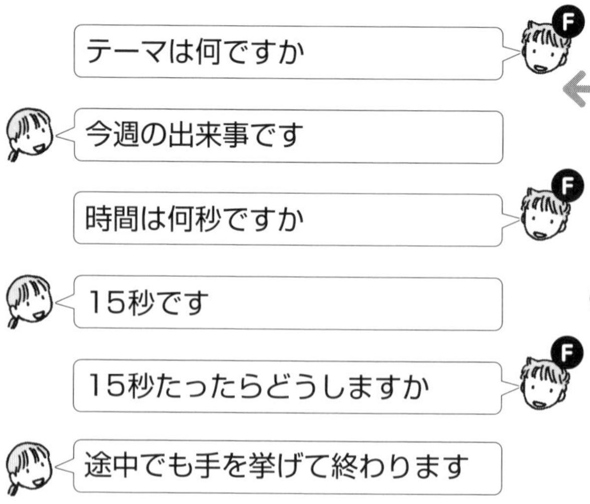

F
テーマは何ですか
今週の出来事です
F
時間は何秒ですか
15秒です
F
15秒たったらどうしますか
途中でも手を挙げて終わります

発表者を挙手で決め、前に出てもらいます。ファシリテーターと左のようなやりとりをし、声に出してルールを確認しましょう

！ 「15秒」を体感してもらうのが目的のワークショップです。参加者に15秒ピッタリを目指す意識を持ってもらいましょう

手順3で残り時間がたくさんある場合は、追加で話してもらいましょう。2～3秒程度なら発表終了とします

…それがすごく嬉しかったです
ピピピピピ

15秒で発表する 3

ファシリテーターの「スタート」の合図で発表開始。発表者は15秒たったと感じたら挙手します。ファシリテーターは発表者にタイマーを見せ、残り時間を知ってもらいます

! **2～3**を1人ずつ行い、全員の発表が終わったらイイトコサガシをします

STEP 2

タスクを追加 4

発表のテーマを変更し、ファシリテーターが新しいタスクを1つ追加します

! 確認できるように板書しましょう

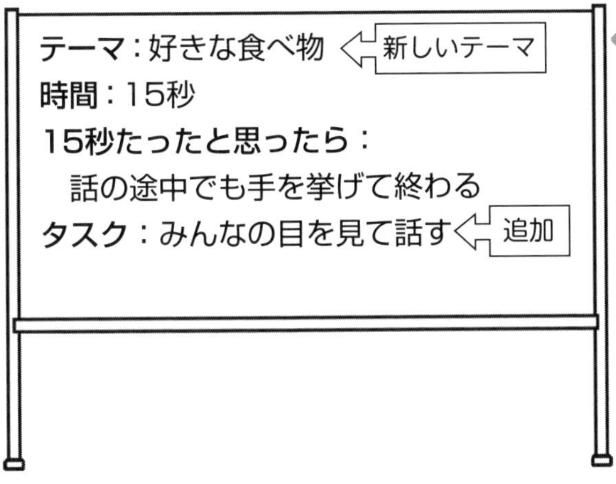
テーマ：好きな食べ物
新しいテーマ
時間：15秒
15秒たったと思ったら：
話の途中でも手を挙げて終わる
タスク：みんなの目を見て話す
追加

次ページに続く

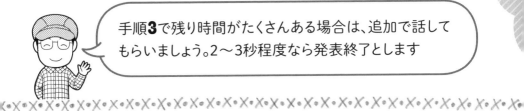

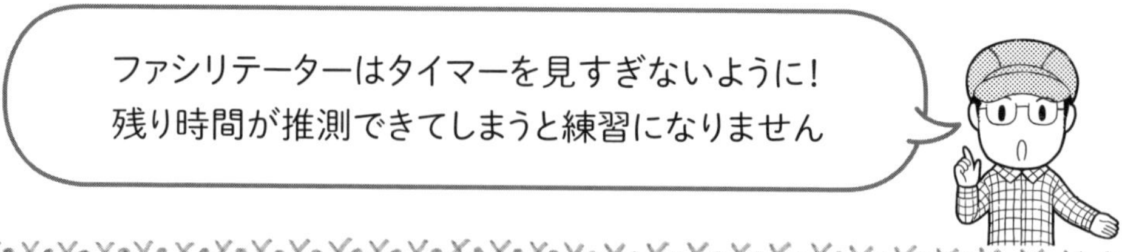
ファシリテーターはタイマーを見すぎないように！
残り時間が推測できてしまうと練習になりません

声に出して確認 5

挙手で発表者を決め、前に出てもらいます。STEP2では、発表者が一人でイラストのようにルールを声に出し、確認します

テーマは
「好きな食べ物」です。
時間は15秒で話します。
15秒たったと感じたら
途中でも手を挙げて
話を終わります。
みんなの目を見て
話します。

15秒で発表する 6

ファシリテーターの合図で発表を開始し、発表者は15秒たったと感じたら挙手します（発表の要領は**3**と同じ）

> **!** ここでも、全員発表したらイイトコサガシです

…特に味が濃いものが大好きです
そろそろ15秒たったかな

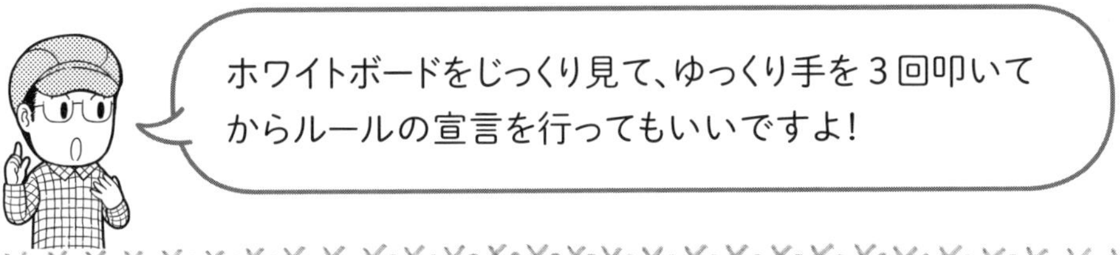
ホワイトボードをじっくり見て、ゆっくり手を３回叩いてからルールの宣言を行ってもいいですよ！

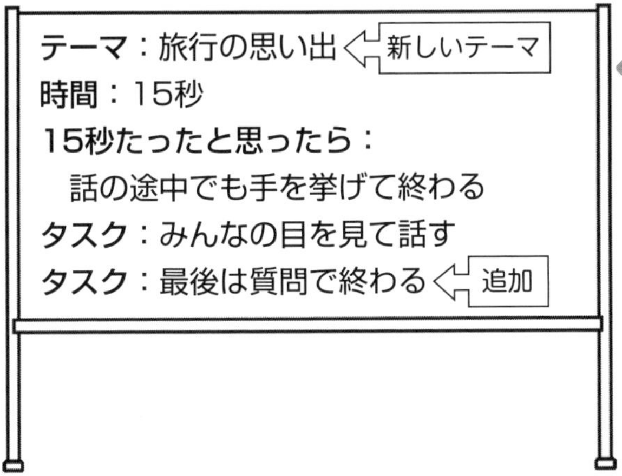
テーマ：旅行の思い出
新しいテーマ
時間：15秒
15秒たったと思ったら：
話の途中でも手を挙げて終わる
タスク：みんなの目を見て話す
タスク：最後は質問で終わる
追加

STEP 3

7 さらにタスクを追加

再びテーマを変更し、もう１つ新しいタスクを加え、ホワイトボードに書きだします。そのあとは**5**～**6**の要領で発表とイイトコサガシを行います

◎このワークショップの目的は「15秒」を体感することです

◎参加者に「自分が今、どれくらい15秒からずれているか」を認識してもらうために、タイマーを確認してもらっています

追加するタスクの事例集

このワークショップは、タスクを追加することでいくらでも発展させられます。さらにタスクを追加してSTEP 4を行ってもいいでしょうし、オリジナルのタスクを考えたり、参加者からアイデアを募るとおもしろさが増します。参考までに、実際に使ったタスクをいくつか挙げましょう。

- **「最後に余談を付け加えます」**
- **「最後はジョークで締めくくります」**
- **「最後は必ずオリジナルの決めゼリフで終わります」**
- **「スタートの直前にファシリテーターがテーマを変えます」**

→発表の直前にファシリテーターが、「テーマを『夏休み』に変えてください。スタート！」と急に変更します

伝える力をみがく

ポイントは3つ

1つのテーマに対し、3つの切り口でプレゼンテーションしてみましょう

推奨人数:3人以上

趣味… 夢…
特技…

STEP 1

テーマを決める

半円形に座り、自分が大好きなことや詳しいことのなかから、各自発表するテーマを決めます

！ 自分が魅力や経験談などを語れることであれば、どんなテーマでも構いません

たとえばテーマが
「ロールプレイングゲーム（RPG）」
なら次のように考えます。

RPGの……
ポイントの１つめは「キャラがかっこいい」
ポイントの２つめは「友達と一緒にできる」
ポイントの３つめは「人生勉強にもなる」
F

2

発表内容を考える

２分程度で考えます。発表はポイントを３つ考え、その３つを説明する形式にしてもらいます

！ 必ず主語は「ポイントの１つめは」「２つめは」「３つめは」で統一します

３つのポイントに「均等に」時間を配分するという感覚を参加者に持ってもらうことがねらいです！

3 発表する

挙手で発表者を決め、前に出てもらいます。ファシリテーターの合図で、３つのポイントについて45秒で発表します

「15秒×３」の発表のつもりで話してもらいます

4 手を挙げて終了

発表者は、45秒たったと思ったら手を挙げて発表を終わります

発表者にタイマーを見てもらい、残り時間を確認してもらいましょう

5 イイトコサガシ！

発表者のよかったところや、発表内容でおもしろかったところを振り返ってみましょう

次ページに続く

発表を「45秒」と決めているのは、限られた時間で
過不足なく話すバランス感覚をみがいてもらうためです

STEP 2

6 テーマを5つ挙げる

1分間で、各自がプレゼンテーションするテーマを5つ考えます

！どのテーマでもポイントを3つ挙げて話せるように考えてもらいましょう

7 テーマを参加者が選ぶ

6 で考えたテーマを発表者がホワイトボードに書きます。次に参加者を1人指名し、どのテーマの話が聞きたいか選んでもらいます

8 発表する

STEP 1の **3** ～ **5** と同様に45秒間で発表し、イイトコサガシをします

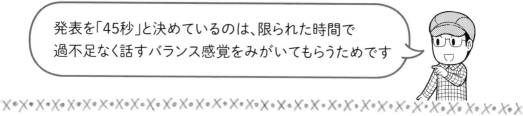

STEP 3では、アドリブのなかでもポイントを3つに絞り、45秒で簡潔にまとめて話す経験が積めます

STEP 3

9 発表者を決める

STEP 3では、先に挙手で発表者を決めます。発表者は前に出ます

10 即興でテーマを決定!

ファシリテーターがテーマを決定します

! 誰でも話せそうなテーマを選ぶようにします

11 テーマに沿って発表

発表者は即座にポイントを3つ考え、45秒で発表します。その後、全員でイイトコサガシしましょう

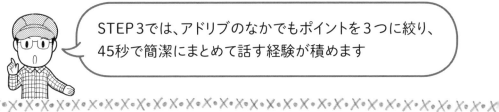

伝える力をみがく

しりとりリレー

30秒の発表を休みなく次々行うワークショップです

推奨人数：3人以上

【発表の方法】
●1テーマ30秒の発表を4テーマ、つまり2分間1人で連続して行う
●最初のテーマは、その頭文字だけをファシリテーターが即興で決定
●2テーマめ以降は、発表者がしりとりになるように決める
F

1 発表の方法を説明

発表の形式が独特なので、まずは参加者にやり方を周知しましょう（左のイラストを参照）

しりとりリレー
ひなまつり
私の家の雛人形は紫っぽい渋い色で大好きでした

2 発表開始！

挙手で発表者を決め、前に出てもらいます。指定された文字からはじまるテーマを1つ板書して、最初の発表を30秒します

! ファシリテーターは、ここで2分計りはじめます

しりとりリレー
ひなまつり → リス
実家の近くの小さな動物園にリスがいてかわいかったです

3 次の発表に移る

最初の発表が終わったら、すぐに次のテーマを板書し、30秒で発表します。テーマはしりとりで決めます

! イラストでは「ひなまつり」の「り」を受けて「リス」を次のテーマにしています

各テーマの発表が30秒を過ぎても指摘する必要はありません。ファシリテーターは、ただ2分計ればOKです！

さらに次の発表へ！ 4

2つめの発表が終わったら、さらに3つめのテーマを決め発表します（**3**～**4**を時間いっぱい継続）

! タイマーのアラームが鳴ったら終わりです

振り返りをする 5

1人発表を終えるごとに全員で気づきを話し合ってみましょう（**2**～**5**をくり返し、全員が発表したら終了）

! 振り返りは輪になって行うのがおすすめです

「ねらい」はどこにあるか

「しりとリレー」では、発表がたとえば2分で5テーマ（あるいはそれ以上）に及んでも問題ありません。時間いっぱいまで続けてもらいましょう。

このワークショップのねらいは2つあります。1つは「時間を均等にわける意識を持つ」こと。意識づけできればいいので、実際に守れているかどうかは二の次です。だから残り時間を細かく伝えたりしないのです。

もう1つは、「即興で次々とネタをくり出す」こと。よどみなく継続できれば成功です。

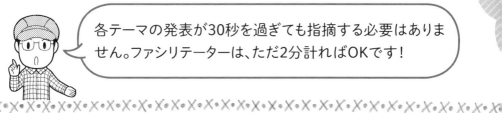

質疑応答に挑戦

一人二役インタビュー

自問自答形式の発表で質疑応答のシミュレーションをします

推奨人数：3人以上

1 テーマを決める

半円形になって座り、自分が大好きなこと、詳しいことのなかから何でもいいので発表のテーマを考えます

2 自分自身に質問する

発表者を挙手で決め、前に出てもらいます。**1**で決めたテーマについて、アドリブで自分自身に15秒間で質問します

! ファシリテーターはタイマーで15秒計ります

3 自分の感覚で挙手

発表者は自身の感覚で15秒たったと感じたら挙手します

! ファシリテーターは、発表者にタイマーを見せて残り時間を示します

残り時間を目で見て知ることで、自分の感覚と実際の時間の差を自覚・修正してもらうワークショップです！

自分自身で答える 4

タイマーが鳴ったら発表者は、今度は**2**でした質問に自分で答え、15秒で挙手します

ファシリテーターはまた15秒計ります

再び質問をする 5

15秒たったら再びアドリブで、自分自身に新たな質問をします（これも15秒で）

ファシリテーターは発表者が手を挙げるたびに残り時間を示しましょう

4回くり返す 6

1つのテーマで15秒の質問、15秒の答えを4回くり返したら、その人の発表は終了。交代していき、全員が終わったら気づきを振り返りましょう

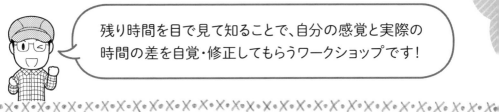

質疑応答に挑戦

魔法の質問3つ

よく聞かれる３つの質問に答えるワークショップです

推奨人数：4人以上

1 テーマと発表者を決定

半円形になって座り、自分が大好きなこと、詳しいことのなかから発表するテーマを考えます。各自のテーマが決まったら、挙手で発表者を決めます

2 質問者を３人決める

参加者のなかから「きっかけ」「魅力」「夢」を質問する人を１人ずつ選びます

! 発表者には「夢」を質問されることを念頭にテーマを選んでもらいます

3 きっかけを質疑応答

質問者１人めが、発表者に対して「好きになったきっかけ」を質問します。発表者は30秒で答えます

! ファシリテーターはタイマーで時間を計ります

タイマーが鳴ったら発表者は話をやめます。逆に時間が余ったら、鳴るまで追加で話し続けてもらいましょう！

4 魅力の質疑応答

２人めの質問者が、テーマの魅力を質問します。発表者は 30 秒で答えます

！「きっかけ」「魅力」「夢」への答えが重複しないよう、発表者に注意してもらいましょう

5 夢の質疑応答

３人めの質問者は、テーマについての夢を質問します。発表者は30秒答えます

！夢で答えにくい場合は、質問をテーマに関する「おもしろいエピソード」に変えてもOKです

6 くり返し→振り返り

1～**5** を発表者をかえてくり返します。全員の発表が終わったら気づきを振り返ってみましょう

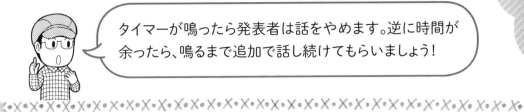

質疑応答に挑戦

聖徳太子

質問に意識を集中し、パッと答える「瞬発力」を鍛えましょう

推奨人数：5人以上　必要なもの：紙とペン（コピー機が使える環境が望ましい）

テーマを決める　1

机とイスを用意し、スクール形式で座ります。各自がテーマを1つ決めて、紙に書きます。自分が大好きなことや詳しいことなど、何でも構いません

自分で質問を考える　2

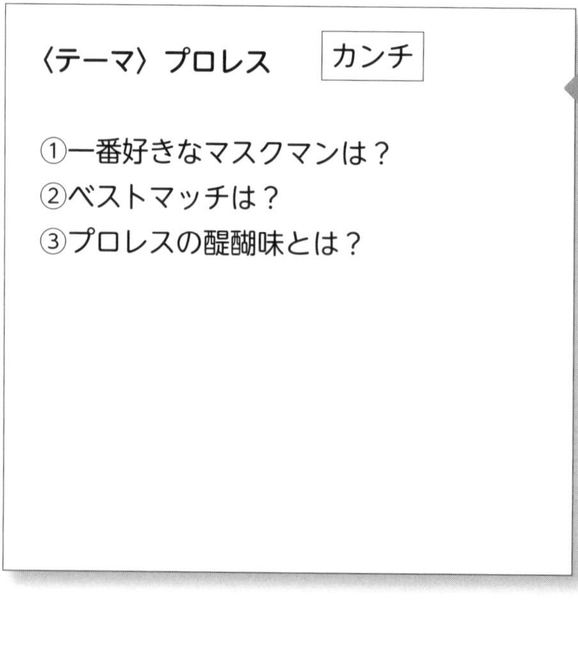
〈テーマ〉プロレス　カンチ

①一番好きなマスクマンは？
②ベストマッチは？
③プロレスの醍醐味とは？

1 で書いたテーマについて、「自分が聞かれたら嬉しい質問」を自分で3つ書き出します

いちいち考え込んでいては会話になりません！
質問にパッとと応じる経験を積んでもらいましょう

3 コピーして共有する

ここでファシリテーターが紙を回収し、人数分コピーをとって全員に配付します

！ 各自が参加者全員の「テーマと質問が書いてある紙」を持っている状態にしてください

4 追加の質問を考える

参加者各自で、手元にある自分の紙すべてに「各テーマに関係する質問」と「テーマに関係ない誰でも答えられそうな質問」を１～２個ずつ考えて書き足します（イラスト参照）

〈テーマ〉プロレス　　カンチ

①一番好きなマスクマンは？
②ベストマッチは？
③プロレスの醍醐味とは？

①好きなプロレスの会場は？
②初めて生で見た試合は？
← プロレスに関連する追加質問

❶北海道といえば何を考える？
❷最近見た映画は何？
← プロレスと関係ない追加質問

次ページに続く

手順**7**の発表は「質問者１人あたり３回質問したら終わり」くらいの目安で継続しましょう

5 発表者を決める

机を片付け、挙手で発表者（ここではＡさんとします）を１人決めます

> **!** Ａさん以外の参加者には、Ａさんのテーマが書かれた紙を手元に用意してもらいましょう

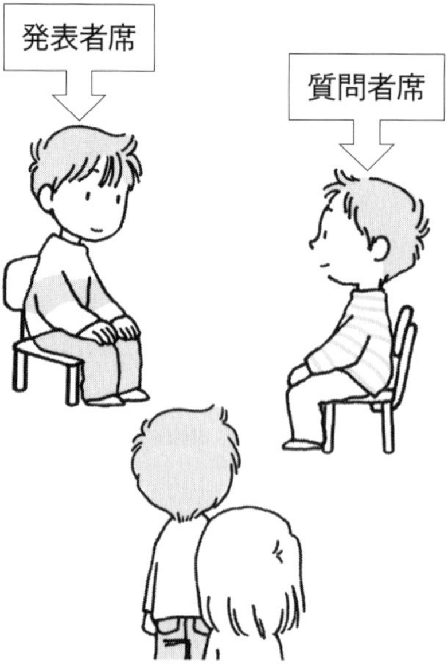

6 イスを移動して準備

発表者席を決め、発表者に座ってもらいます。向かい側に質問者席を設け、他の参加者が１人座ります。残りの人にはその後ろに並んでもらいましょう

> **!** この後、質疑応答となりますが、質問者には興味をもって質問し、あいづちを打ちながらしっかり答えを聞いてもらいましょう

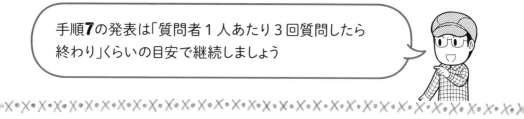

どんな質問にも必ず30秒間「答え続けて」もらいます。
発表者が勝手に切り上げるのはNGです！

矢継ぎ早に質問！ 7

発表者にはタイマーが鳴るまで30秒、質問への答えを話し続けてもらいます
質問者は質問の末尾に「せーの、スタート！」とつけて合図とします
座っている２人のやりとりが終わったら、すぐ後ろに並んでいる人と交代
１つ質問を終えたら、質問者は席をたちます
F
ピッ
ファシリテーターは合図を聞いてタイマーで30秒計測します
答えをきちんと聞いてから交代。最後尾へ移動します

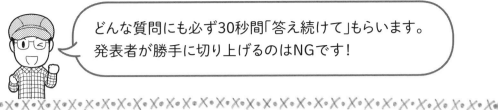

会話の実践

楽しい会話のワークショップ

テーマにそってて会話しながら話し方のコツを身につけましょう

推奨人数：5〜8人程度（6人がとくにおすすめ）

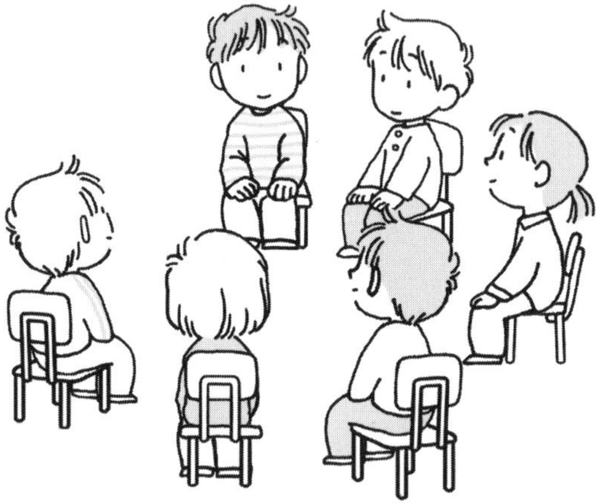

半円になって座る 1

全員でイラストのような形に座ります

！ 6人1グループで行うのがおすすめです。長く待つこともなく充実したワークショップができます

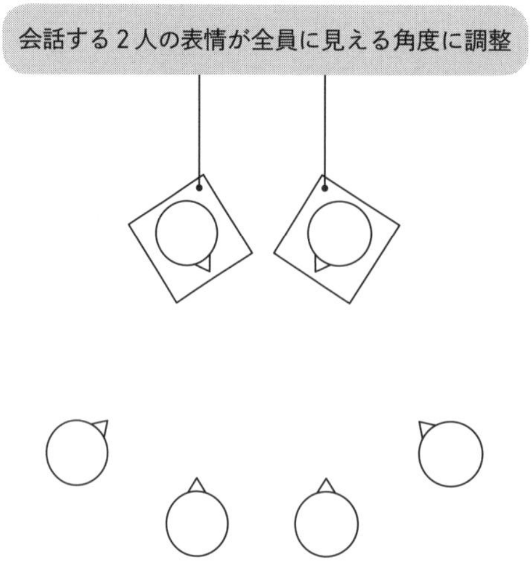

会話する2人の表情が全員に見える角度に調整

会話する人の席を用意 2

イスに余分があれば、このワークショップでは図のようにみんなの前で会話する人の席を設けます

！ 余分がなければ、会話する2人にイスごと移動して前に出てもらってもOK

ファシリテーターが、最も会話が苦手そうな参加者とデモンストレーションするといいですよ！

3 「心がけ」を説明

①楽しい会話を目指しましょう
②会話の時間・質問・共感を半分にしましょう
③会話のキャッチボールを15秒くらいで試しましょう
④質問と共感を「わかりやすく」2回以上試しましょう
⑤テーマを主役に話しましょう
⑥相手が質問を忘れている場合は促しましょう
⑦切り口を3回は変えましょう
⑧「〜ない」を言わないようにしましょう

「8つの心がけ」がこのワークショップで行う会話のルールとなります。175ページに掲載する詳しい説明をファシリテーターがしっかり伝えます

！ 大きな紙に書いて掲示したりコピーして配付するとスムーズです

4 会話のテーマを決める

2で設けた席で会話する2人を決め、席についてもらいます。その後、ファシリテーターが会話のテーマを決めます

！ テーマの拒否・変更はなし。ちなみに初めてやる人には「大好き」をテーマにすると話しやすいようです

次ページに続く

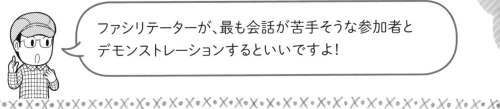

聞いていた人に「うまくできた点」を指摘してもらうこと。
それによって自信がついてくるんです！

5 5分間の会話に挑戦

前の２人はテーマにそって５分間会話します。話が途中であっても、必ず５分で終了です

! 必ず時間いっぱい会話してもらいます。会話を途切れさせないように！

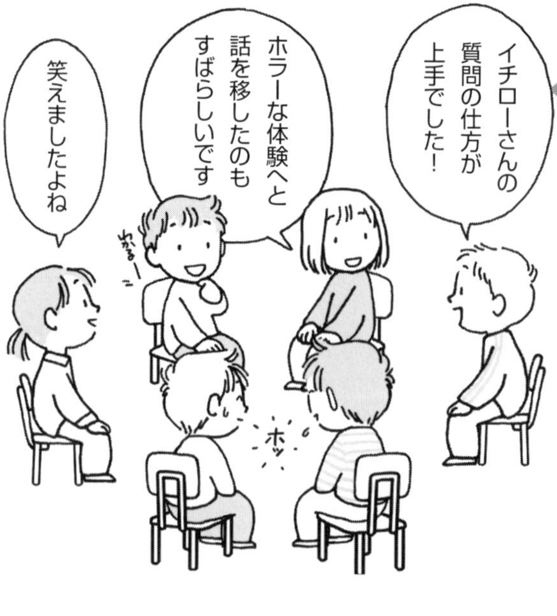

6 イイトコサガシ

他の参加者によかった点を指摘してもらいます（以降**4**〜**6**をくり返す）

! 批判や助言はＮＧ。あくまでもいいところだけ探してもらいます

楽しい会話のワークショップ「8つの心がけ」

❶ 楽しい会話を目指しましょう

つらい話、心の傷を分かち合う会話ではなく、とにかく楽しい会話を目指しましょう

❷ 会話の時間・質問・共感を半分にしましょう

それぞれが話す時間や質問する時間、共感を伝える時間が半分ずつになるようにしましょう

❸ 会話のキャッチボールを15秒くらいで試しましょう

目安として15秒で自分の考えや意見を話し、あとは相手に譲りましょう

❹ 質問と共感を「わかりやすく」2回以上試しましょう

誰が見ても「質問してる」「共感してる」とわかる具体的な言葉と身振り手振りで2回以上試してみましょう

❺ テーマを主役に話しましょう

話の内容がテーマからそれたら、「元のテーマに戻りましょう」と言って戻るようにしましょう

❻ 相手が質問を忘れている場合は促しましょう

自分の質問が3回連続で続きそうになったら、その前に「私ばかり質問してすみません。今度は私に質問していただけますか？」と相手に声をかけてください

❼ 切り口を3回は変えましょう

さまざまな角度から話す経験を積みましょう。たとえばテーマが「夏」なら、「花火」「海」「スイカ」などで話せます

❽ 「～ない」を言わないようにしましょう

会話を止めてしまう「興味がない」「よく知らない」「やったことがない」という言葉は、このワークショップでは封印です

会話の実践

イイトコサガシ・ディスカッション

尋ね方と答え方のルールを決めて行う、簡単なディスカッションです

推奨人数：5人以上　必要なもの：タイマー2個

1 発表することを決める

半円形で座ります。各自が「みんなに聞いてもらいたい話」や「みんなに相談したい話」を考えます

2 発表者を決める

挙手で発表者を決定します。発表者は前に座ります

このワークショップでは発表者にタイマーを渡し自分で10分計ってもらいましょう

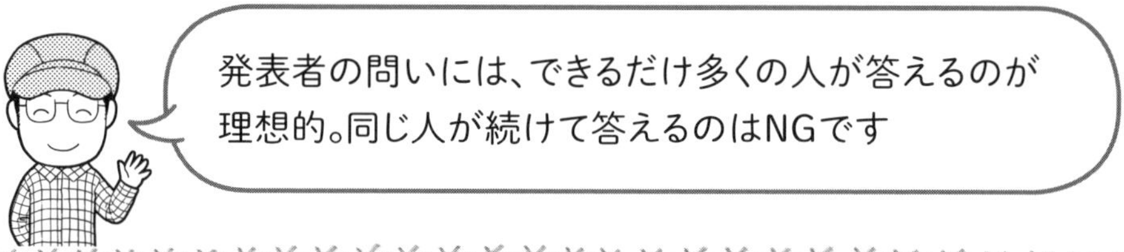
発表者の問いには、できるだけ多くの人が答えるのが理想的。同じ人が続けて答えるのはNGです

ルールを説明する 3

ここでファシリテーターは、参加者全員にディスカッションのルールを伝えます。理解できたら、「話題提供・質問・回答タイム」スタートです

【ルール】

- 発表者の持ち時間は10分。この間を「話題提供・質問・回答タイム」とする
- 発表者は好きなことを他の参加者に問う。もしくは１人で話し続けてもいい
- 他の参加者は答えても答えなくてもいい
- 答えが尽きた場合や出ない場合は、
  発表者は以下のどれかを選ぶ
  ①答えを受けてさらに質問する
  ②別の質問をする
  ③10分待たずに終了する

発表者が話す 4

発表者が**1**で考えた問いを他の参加者に投げかけます。もしくは、10分間１人で好きなことを話し続けても構いません

！
「学生の方に聞きますが」など、対象を限定した問いかけはなし。問うのは全員に対する質問にしてもらいます

私は自分の忘れグセに悩んでいます
たとえば予定を忘れないようにするにはどうすればいいでしょう?

次ページに続く

回答する参加者には「結論を先に言いましょう」
とアドバイスするといいですよ！

5 挙手して答える

答える参加者は自分の考えや経験をもとに30秒以内で問いに答えます（無理に答えなくても構いません）

！回答する参加者にもタイマーを渡し、自分で30秒計ってもらいましょう

6 終了する

できるだけ多くの参加者に回答してもらいましょう。10分経過するか、発表者が切り上げの判断をしたら終了です

7 交代して続ける

4～**6**をくり返し、全員が発表者をやったら終了です

第6章 創造力を伸ばすワークショップ

自分独自の
イメージや気持ちを
パッと言葉にして
相手と共有する――
料理の味や香り
店の雰囲気
一緒にいた人のこと
それができると
会話で**自分らしさ**を
発揮できるように
なると思うんです
確かにね！
「自分らしさ」
が出る会話は
楽しく魅力的な
ものになるし
相手の印象にも
残りますよね！
印象に残る
話ができれば
あの人と
また会いたい
続きを
聞きたいな
こう思って
もらえるかも
しれません！
印象に残る話を
ねらいませんか!?
うん
うん

ねらう――つまり意識してできるようにするんです！
この章で**自分だけのイメージを他の人に伝える**ワークショップをやってみましょう！
おもしろく話す
わくわくさせる
ターン
どんなのだろう⁉
その名も**キャッチコピー**というワークショップで「まったく新しいもの」を創ってもらいます！
なんか難しそう
パスしよっかな
コラ！逃げない
Let's do it
みなさんテレビで映画のCMを見たことがありますよね⁉
「キャッチコピー」は架空の映画のCM用のキャッチコピーを創るワークショップです
人類へのラストメッセージ
人類はなんのために存在しているの？
私たちはこのまま繁殖していいの？
森は泣いている
海は叫んでいる
もしもクリスマスツリーが消えたなら
えーアイデア浮かぶかな⁉

大丈夫ですよ！作品も素人臭くてOKです！初々しさがイイんです♥
イメージを表現する言葉を考えてなんとか伝えようとチャレンジすることがコミュニケーション力を育てるんです！
①映画のジャンルを決める
まずは映画作品のジャンルをみんなで挙げてみましょう！
はい
アクションかな
おっ！いいですね！
はい
ラブコメ
うん おもしろいのができそうです
はい
サスペンスはどう？
はい
コメディ

「キャッチコピー」
アクション 2
ラブコメ 1
サスペンス 6
コメディ 1
SF 3
ホラー 3
ミステリー 2
ドキュメンタリー 1
ファンタジー
これぞ映画というものが出そろいましたが今回は票が多かった「サスペンス」でいきましょう！
参加者に挙手で3回投票してもらい得票数が多いものを選んでテーマとします
②キャッチコピーを考える
タイトル［ ］
キャッチコピー［ ］
この2つで15秒
概要［15秒］
各自で架空のサスペンス映画の【タイトル】【キャッチコピー】【概要】を考えて合計30秒で発表してもらいます！
わくわく
ドキドキ
なにが起きるの？
謎を投げかける
斬新なタイトル
テレビCM1本の標準的な長さは15秒ほどだそうです
ですから概要が15秒に収まるもので「その映画とても気になるな〜」と感じさせるコピーを考えてください
ピッ
まずは僕がデモンストレーションしてみますね

映画のタイトルは「青春虐殺」！
キャッチコピーは「お前らのことは全部知っている」です
概要は
平凡な高校生活… そこへ突如舞い込む死刑執行の怪文書…
死刑執行
お前たちを
ゆるさない
次々に殺害される仲間たち！ その原因は 忘れ去られていた あの事件だった…
お前たちに死を！
スゴーイ！ イメージが浮かぶわ〜
ピピピピ
30秒経過
——とこんなふうに発表してもらいます
もっと聞きたーい
ではシンキングタイムスタート！
ピッ
考える時間は1分間です
わ〜テンパる
ピピピピ
1分経過
終了でーす ではどなたか発表してください
よしっ！私から

③質問に答える形式で発表

④みんなでイイトコサガシ
不思議な話だな〜と伝わってきました
発表が終わったらその都度みんなでイイトコサガシしましょう！
ワンポイントアドバイス
全く思いつかない
大丈夫です みんなの発表を見るだけでもOK
どうしても思いつかず発表できない人には④のイイトコサガシを頑張ってもらいます
また「キャッチコピー」しか出てこなかった「概要しか浮かばない」という場合は発表時に助け舟※を活用してもらいましょう
任せて
助け舟
※142ページ参照
⑤グループになって演じよう
今度は③の発表をもとに15秒の映画のプロモーションをみんなで考えて演じてもらいます
3人ずつのグループになってリーダーを1人決め
残り2人はナレーターかキャストの役を務めます
リーダー
話がまとまりやすいのは3人です

10分時間をとり その間グループで 寸劇を制作します！
どうしましょうか
私シナリオつくります
ぼくナレーターやります
10分間のなかで 台本や構成・演出を 仕上げてください！
アイデアは3人で 自由に出し合いますが 最終決定は リーダーが行います
こういうのどうでしょう
それでイキましょう 一回やってみましょう
時間制限が あるので 恥ずかしがってる 暇はありません
自分のアイデアを 体を使って 仲間に伝えたり
仲間のアイデアに 賛同しながら アレンジの案を 出したり——
そういう協働を 経験するのが ねらいです！
ピピピピ
時間でーす
10:00
10分たったら 制作途中でも 発表します
「キャッチコピー」
ではAチームから 15秒間の プロモーションを 発表してください

「人喰いの像」
ナレーター：たろう
ある小学校…創立50周年の式典の日——突然ドス黒い銅像が寄付された誇らしき記念日のそのシンボルに悪魔が宿ってしまったのか!?
子ども：ハナコ
悪魔が憑いた銅像：かなしろ
もういいかい
まーだだよ
子どもが一人また一人と消えていく…
血がほしい子どもの血が!
あの黒い銅像に近づいてはいけな…
ピピピピピ
00:15
Aチームの発表でしたみなさん拍手!
パチ
パチ
パチ
パチ
パ
15秒経過したら発表の途中でも終了します

お母さん
よくやるな…
パチ
パチ
パチ
⑥プロモーションの
イイトコサガシをします
あの
ナレーション
迫力満点で
よかったです
どうでしたか!?
みんなで協力して
意見交換する過程が
クリエイティブ
ですよね!
普段の生活では
こういう体験が
意外とできません
だから楽しく
できると思います
仲間と即興で
演劇を創るって
何年ぶりだろう?
学芸会みたいで
ドキドキしました!
脳と心がフル回転して
気持ちがいいでしょう
これが
コミュニケーションの
楽しさなんです

協働をつうじて想像力と創造力を育てるのがこのワークショップの目標です
アイデア
アイデア
アイデア
アイデア
アイデア
できれば時間をかけて行い参加者全員が1回はリーダーを務めるといいですよ
リーダー 1
リーダー 2
リーダー 3
リーダー役を経験するのもいいものですね
普段の会話でも自分のイメージを言葉にする試みを続けていけるといいですね！

コミュニケーションを次のステージへ

これまでにもいくつか、創作性の高いワークショップはご紹介してきました。たとえば「川柳バラエティーコレクション」とか「五行詩のワークショップ」がそうです。

でも川柳には「五・七・五」という形式がありますし、詩も「五行」と決めていました。この章では、そんなルールはできるだけ取っ払います！

発達障害のある人は、コミュニケーションを単なる「情報の交換」だと誤解している場合があります。でも、そうではないですよね！

僕たちはもちろん、会話のなかで情報を伝えようとしますが、同時に、自分の気持ちや感情をも、相手に届けようとしているはずです。

気持ちや感情がともなった会話は楽しいものになります。たとえば同じプロレスの話をするにしても、

「中邑真輔《なかむらしんすけ》は１９８０年生まれでデビューは２００２年、青山学院大学を卒業してからの入門なんですよね」

と客観的な情報を淡々と伝えるより、

「中邑真輔はアントニオ猪木《いのき》という過去と一人で闘い、見事に猪木越えを果たした……。オレのなかでは唯一無二のプロレスラーなんだよね」

と、「プロレスへの思い」「自分の主観」を前面に出したほうが、魅力的な話ができるものです。聞く側も、話者の人柄が伝わる話のほうが「聞きがい」があります。

寸劇を披露してもらう、新しい単語を考える、オリジナルの歌詞を創る——この章のワークショップでは、そんなことを参加者にしてもらいます。「恥ずかしい」と考えて、尻込みしてしまう人がいるかもしれません。でも、トライしてほしいんです！

「ゼロから考える」ことの意義とは

発達障害の特性は「○○ができない」「××が苦手」と否定的に語られがちですよね。そのためか、苦手意識が強くて何事にもチャレンジできない当事者がけっこういます。

人が成長するためには、「気づき」が必要だと僕は思います。同じことでも、自分で気づくのと人に言われるのとでは手ごたえが全然違うはず。自分で気づいた教訓はしっかり身につくし、学んだときの喜びも大きいものです。

僕は、ワークショップを通じて、参加者が自分の新たな「個性」に気づけたらいいな、と思っています。でも、一度「ゼロから考えて創る」ことに挑戦しないと、個性は出てきません。だから、ワークショップで一度でいいから創造に挑戦してほしいんです。

ためらっている参加者にはぜひ、

「作品の『いい・悪い』を決めるためにやっているんじゃありません。とにかく『自分らしさ』を出せばＯＫです！」

と笑顔で伝えて、できるだけ個性的な作品を考えてもらってください。

難易度の調整には注意しよう

参加者にトライしてもらう一方で、ファシリテーター側が参加者に合わせた調整を試みるのも大切です。このあと紹介するワークショップは、たとえば次のように声かけ・アレンジすると、取り組みやすくなりますよ！

漢字結婚式

熟語を思い出したり創作したりするワークショップですが、学校のテストではないので、もちろんスマートフォンや辞書で調べながらやってもOKです！　また、漢字が苦手な人には、

「どうしてもできなかったら、無理に発表しなくてもいいですよ」

と声かけしましょう。「できなかった。自分はダメなやつだ」という、自己否定的な感情を抱かせないための配慮です。

気持ちよく歌うシチュエーション

自分が空想した場面を口頭で描写するワークショップです。202ページでは「気持ちよく歌えるシチュエーション」を空想して発表する場合で説明しますが、たとえば、

・気持ちよくなれる映画（芝居）のワンシーン
・気持ちよく食事ができるシチュエーション

など、空想する場面を変えると考えやすくなることが多いです。

思い出の曲、懐かしいメロディー

歌にまつわる思い出を話し合うワークショップです。「好きな曲なんて一つもありません！」「音楽を聴いたことなど一度たりともありません」という人はまずいないので、「歌」を参加者共通のテーマに設定しているわけですね。

でも、「聴かないわけじゃないけど、歌に興味がない（詳しくない）」という人が参加する場合もあるはずです。そんなときはこの全員共通の発表テーマを、

・思い出に残る本　・思い出の食べ物
・思い出深い旅行　・思い出に残る映画
・思い出に残った買い物　・思い出深い服

など、歌以外の「思い出の◯◯」に変えてみましょう。参加者の様子を見ながら、柔軟に対応してOK。こうやってハードルを下げることで、みんなの「やってみよう！」という気持ちを少し後押しできれば大成功です！

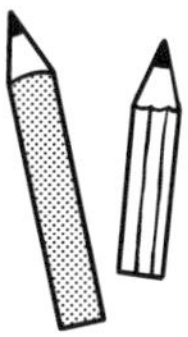

創造力を伸ばす

漢字結婚式

漢字を組み合わせて新しい熟語を考えるワークショップです

推奨人数：3人以上　必要なもの：紙とペン

STEP 1

1 漢字を書き出す

ホワイトボードを区切って参加者の人数分、スペースをつくります。2分時間をとり、そこになるべくたくさん漢字を書き出してもらいましょう

！

部首がなるべく異なるように注意して漢字を書いてもらいます

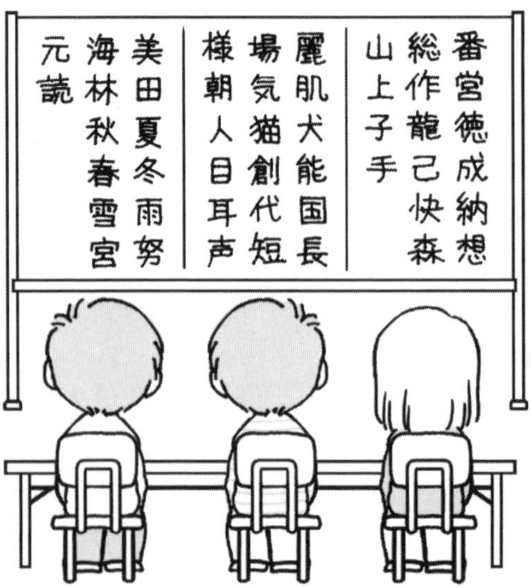

2 組み合わせて熟語に！

書き終わったらスクール形式で座ります。5分時間をとり、参加者にホワイトボードの漢字を組み合わせてできる熟語を見つけてもらいましょう

！

他の参加者の答えと重複することがあるので、なるべくたくさん考えてもらいます

人数が多い場合は、大きめの紙に漢字を書き出してもらい、前に掲示して共有してもいいですよ！

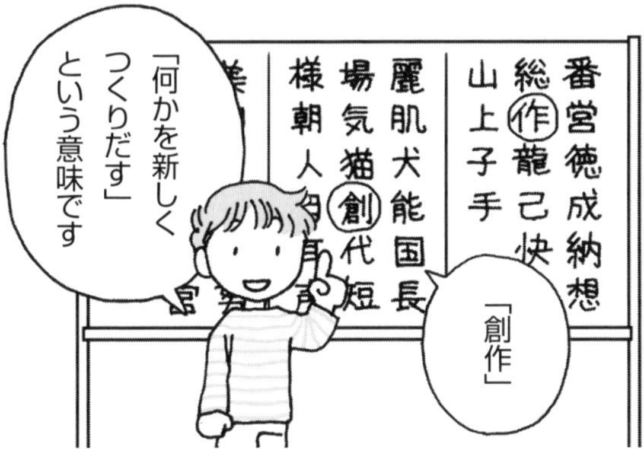

3 発表する

挙手で発表者を決めます。発表者は前に出て、まず使う漢字を○で囲みます。次に、見つけた単語とその意味を発表します

! 発表が終わったら、振り返りを行いましょう

STEP 2

4 オリジナルを創作！

STEP 2では10分時間をとり、ホワイトボードの漢字を使って、各自がオリジナルの熟語を作ります。紙に書き出してもらいましょう

5 発表する

挙手で発表者を決め、前に出て、考えた単語とその意味を発表します

! 1人発表を終えるたびに○を消すようにします。次の人が選んだ字がわかるようにするためです

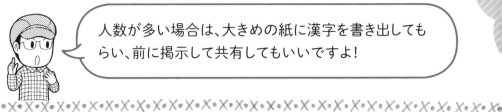

創造力を伸ばす

連想力ワークショップ

忘れかけていた経験や思い出を振り返ってみましょう

推奨人数：3人以上　必要なもの：紙とペン

1 テーマを発表する

スクール形式で座ります。ファシリテーターが、テーマを発表します

! 誰でも知っている連想しやすい言葉をテーマに選ぶのがコツです

2 発表者が連想する

挙手で発表者を決め、前に出てもらいます。発表者はテーマから連想できた言葉を30秒間挙げ続けます

! ファシリテーターがホワイトボードに書き出します

3 質疑応答

聞き手となった参加者が、**2**で出てきた言葉について質問します。発表者は具体的に答えます

! 「なんとなく」などの曖昧な答えはNGとします

手順**2**で発表した人にも、**5**で再び発表してもらいます。
ただし、発表の内容は変えてもらいましょう!

4 全員で連想する

発表者は席に戻ります。今度は1分間で、参加者全員が**1**のテーマについて連想した単語を、なるべくたくさん紙に書き出します

! 発表した人にももう一度考えてもらいましょう

5 意外な単語を発表

別の発表者を決めて前に出てもらいましょう。「自分が書き出したなかで意外だった単語」について30秒発表します（1人ずつ交代して全員が発表する）

6 振り返り

全員が発表し終わったら、「気づいたこと」や「新たな発見」など、感じたことを参加者に振り返ってもらいます

! このあと**1**に戻り、別テーマでくり返しましょう

創造力を伸ばす

ビフォア・アフター

歌詞の一部を創作して、想像力を刺激しましょう

推奨人数：3人以上　必要なもの：紙とペン

1 好きな歌詞を発表する

スクール形式で座ります。参加者一人ひとりに好きな曲の歌詞の一節を発表してもらいます

! できるだけ知名度の低い歌で、外国語の少ない作品を選んでもらいます

2 前後の歌詞を考える

1 のなかからファシリテーターが歌詞を１つ選びます。２分時間をとり、参加者各自でその一節の前と後に続く文を考えて、紙に書いてもらいます

! 選んだ一節と同程度の長さで考えてもらいます。もとの歌詞を知っている人にも、独自のものを考案してもらいましょう

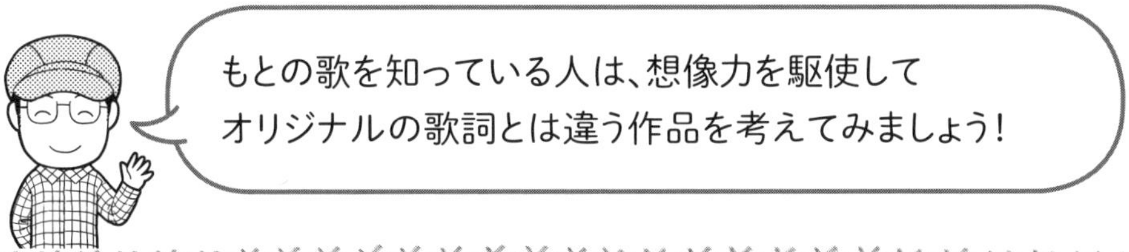

3 1人ずつ発表!

発表者を決め、前に出て考えた歌詞を発表します。ファシリテーターがホワイトボードに書き出します

> **!** 歌詞のイメージに合わせた声色で、紙を見ずに表現してもらいましょう

4 イイトコサガシ!

１人の発表が終わるごとに、板書された作品を見つつ、いいところやおもしろい点などをみんなで話し合います

5 もとの歌詞を発表

最後に参加者にもとの歌詞を教えてもらい、みんなが創作した作品との違いなどを楽しみましょう

> **!** **2～5**をくり返してそれぞれの選んだ歌詞でやっても楽しめます

創造力を伸ばす

気持ちよく歌うシチュエーション

思い描いたイメージをできるだけ具体的に描写してみましょう

推奨人数：3人以上

1 理想的な状況を考える

半円形になって座り、1分間で各自が「自分にとって最も気持ちよく歌えるシチュエーション」を考えます

! 実現しそうもない状況でＯＫなので、自分らしさ全開でイメージを膨らませてもらいます

2 状況を説明する

挙手で発表者を決め、前に出てもらいます。まずは**1**で考えたシチュエーションの概要のみを１～２文で短く説明してもらいます

参加者には受け身にならず、発表者の思い描くイメージを頭のなかで想像しながら聞いてもらいましょう

3 質疑応答

2 で説明された設定について、参加者は疑問や質問を発表者に投げかけます

4 情感を込めて伝える

次に発表者は、30秒間で、情感を込めて状況を語ります。聞く人は目を閉じて情景をイメージします

> **!** イメージビデオを再現するつもりで情景を描写してもらいましょう

5 イイトコサガシ!

発表のよかった点を話し合います。**2**～**5** をくり返し、全員が発表したら終了です

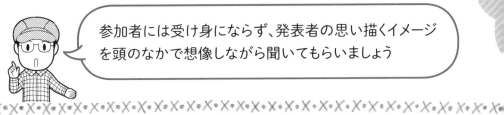

創造力を伸ばす

思い出の曲、懐かしいメロディー

他の人の話を上手に受けて、盛り上げたり話題を広げたりしてみましょう

推奨人数:3人以上

1 曲を思い出す

半円形になって座ります。自分にとって懐かしい曲を参加者に思い出してもらいましょう

! 曲名がわからなければメロディーの一部や歌詞だけでも構いません

2 発表する

挙手で発表者を決めます。発表者は前に出て、**1**で思い出した懐かしい曲と、それにまつわるエピソードを30秒間話します

! 曲の一部しか思い出せなければ鼻歌で歌うなどして、なぜその曲が浮かんだのかを説明してもらいます

「自分も何か似たような経験がないかな～」と
考えつつ発表を聞くよう、参加者に促しましょう！

3 関連する思い出を話す

発表を受けて、今度は他の参加者に内容と関連する自分の体験を話してもらい、話を膨らませます

! 発言は1人30秒以内です。必要ならタイマーを使いましょう

4 質問でもOK

まったく知らない曲だったり、エピソードが出てこない場合でも、何かしら質問しましょう

! 体験談や質問が出尽くしたら終了。**3**～**4**で、なるべく参加者全員が一度は話すよう促しましょう

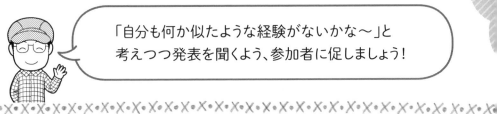

おわりに

僕は10代、20代、30代のときに1回ずつ、計8年間「引きこもり」だったことがあります。そのつど社会復帰して、広告代理店などに勤めたこともありましたが、転職を重ね結局引きこもりに戻ってしまいました。発達障害の診断を受けたのはその頃です。自分の「生きづらさ」をなんとかしたくて、当時は「オフ会」と呼ばれていた当事者会にも参加しました。

そこで初めて、「会話が苦手だけど、誰かと話したがっている」発達障害の人がいることを知ったのです。でも、会話が苦手な人同士で集まっても、なかなか変わるきっかけはつかめません。「楽しくコミュニケーションできる枠組みを僕が創るしかない！」

そう思い立ったとき、高2で引きこもっていた時期に参加した「演劇表現ワークショップ」の記憶がよみがえりました。母に言われてしぶしぶ参加したのに、自主開催するほどハマったのです。おかげで僕は教室に復帰するきっかけまでつかめました。

そんなふうにして誕生したイイトコサガシは、今年で11年目を迎えます。よく続いたものだと驚くばかりですが、これからも世の中の「生きづらさ」解消を目指して、活動を続けていきます。最後になりましたが、本書の制作に協力してくださった方々に改めて感謝いたします。

冠地　情

[Book Design]

渡邊民人(TYPE FACE)
清水真理子(TYPE FACE)

[Illustration]

しもかわら　ゆみ

[DTP]

朝日メディアインターナショナル

[Editor & Movie Editor]

森　祐子
武田淳平(CLAP)

[Collaboration]

以下の方が考案したワークショップも掲載いたしました。ご協力に感謝します(敬称略)

樋栄ひかる(アプライドインプロファシリテーター協会)

　エアー手裏剣(44ページ)／スリーアップ(48ページ)／YOU!!(56ページ)／何でもリレー(130ページ)

齋藤路恵

　今日はいい日になるだろう(76ページ)

桑原康平

　心を表す(106ページ)

[Special Thanks]

菊地　快(一般社団法人臨床心理福祉協会あすぴれんと)
下　茉莉(発達障害との付き合い方を考える会　かもみぃる)
横山小夜子(イイトコサガシ・ファシリテーター　ちゃびん)
堀内和彦(社会福祉士)
高沢律子(社会福祉法人　東京コロニー)

[Bibliography]

新美南吉・作、柿本幸造・絵『ごんぎつね』(講談社、2013年)
オルデンバーグ, レイ『サードプレイス　コミュニティの核になる「とびきり居心地よい場所」』(忠平美幸・訳、みすず書房、2013年)

著者　冠地　情（かんち・じょう）
1972年生まれ。ADHDとアスペルガー症候群の混合型と診断されている。2009年10月に成人発達障害当事者会「イイトコサガシ」を立ち上げ、発達障害などの「生きづらさ」を抱える人たちのためのピアサポート活動を開始。おもにコミュニケーション力の向上を目指すワークショップを実施しており、これまでに43都道府県で1000回以上開催した実績がある。
「イイトコサガシ」ウェブサイト　https://iitokosagashi.jimdo.com/

漫画　かなしろにゃんこ。
千葉県生まれの漫画家。1996年に「なかよし」でデビュー。作品に『漫画家ママのうちの子はADHD』『うちの子はADHD　反抗期で超たいへん！』（ともに田中康雄監修）『発達障害　僕にはイラつく理由《ワケ》がある!』（前川あさ美監修・解説、以上、講談社）、『発達障害でもピアノが弾けますか？』（中嶋恵美子原作、ヤマハミュージックメディア）などがある。発達が気になる子どもの親向けポータルサイト「LITALICO発達ナビ」（https://h-navi.jp/）でコラムを好評連載中。

発達障害《はったつしょうがい》の人《ひと》の会話力《かいわりょく》がぐんぐん伸《の》びる
アイスブレイク＆ワークショップ　　こころライブラリー

2019年12月17日　第１刷発行
2023年５月22日　第４刷発行

著　者　冠地《かんち》　情《じょう》
漫　画　かなしろにゃんこ。
発行者　鈴木章一
発行所　株式会社講談社
郵便番号112-8001
東京都文京区音羽2-12-21
電話　編集　03-5395-3560
販売　03-5395-4415
業務　03-5395-3615
印刷所　株式会社新藤慶昌堂
製本所　株式会社若林製本工場

KODANSHA

N.D.C.143　207p　21cm
定価はカバーに表示してあります。

ISBN978-4-06-518046-4